J'ai mis les voiles pour gagner

J'ai mis les voiles pour gagner

Franck Cammas
avec Patrice Gabard
(sous la direction de Frédéric Veille)

City
Document

Photo de couverture : © Yvan Zedda/Groupama Sailing Team
Cahier photos : D.R./ Groupama Sailing Team
ISBN : 978-2-8246-0512-8
Code Hachette : 57 0006 5
Rayon : Autobiographie / Aventure
Catalogues et manuscrits : www.city-editions.com

Dépôt légal : octobre 2014
Imprimé en France par France Quercy - Mercuès - N° 41397/

A mes filles, Thaïs et Jade.

I

Pour elle

Le ciel est gris ce matin ; la bruine bouche l'horizon. Le petit vent frais d'ouest n'arrange rien à l'affaire, mais, qu'importe, je ne suis pas là pour visiter la région, même si l'endroit est splendide. Tout à l'heure, lorsque j'ai fait demi-tour à la pointe du Grouin, je n'ai même pas pris le temps de jeter un coup d'œil sur les grands cormorans qui nichent sur l'île des Landes en face du sémaphore, ou encore moins d'aller flâner sur le chemin des Douaniers qui domine la haute paroi rocheuse. Pas le temps, pas le moment !

Oh ! il y avait bien ces deux touristes hollandais encapuchonnés qui m'ont demandé si je pouvais les prendre en photo, mais ce fut ma seule véritable pause dans cette matinée de préparation physique, à appuyer fort sur les pédales de mon vélo entre Saint-Malo et Cancale.

Dans l'effort, je n'ai pas manqué de détourner le regard vers le large pour scruter les abords du phare de la Pierre-de-Herpin ! C'est de là, dans moins d'une semaine maintenant, que sera donné le départ de la neuvième édition de la Route du Rhum, l'une des plus célèbres courses transatlantiques en solitaire.

Rien que d'y penser, j'accélère la cadence. Me voilà maintenant en danseuse pour affronter les éléments ! Mes mains serrées sur le guidon, j'enfile les kilomètres sur la départementale 201. Cancale n'est plus très loin. Je ne pensais pas trouver autant de reliefs ici, devoir faire autant d'efforts à chaque tour de roue.

Qu'importe, je suis là pour me faire mal, pour mettre mes muscles à contribution tout en passant auprès des premiers camping-cars qui sont déjà stationnés sur le bas-côté de la route. Je relève la tête. Essuie mon front.

Mon cœur bat vite, j'ai le feu en moi. Dans la petite descente qui me ramène maintenant vers Saint-Malo, je reprends mon souffle et profite de la beauté du paysage. L'anse du Gueslin, la pointe des Grands Nez, l'haire du Lupin.

C'est une grande bouffée d'oxygène, d'air iodé entre mer déchaînée, marais et campagne aux couleurs de l'automne. Rien à voir avec ma préparation habituelle.

Pour la première fois, en effet, je ne pars pas à la montagne pour me mettre au vert l'espace de quatre à cinq jours entre le convoyage du bateau et les derniers préparatifs. Pour la première fois, je suis resté en bord de mer, près du port. Il y a encore beaucoup de détails à régler sur le bateau. Alors, à défaut de grandes randonnées en altitude, à défaut de massifs montagneux, de sommets enneigés, je pars tous les matins du Grand Hôtel des Thermes de Saint-Malo pour une heure et demie de vélo le long de la côte d'Émeraude. Histoire de garder la forme, de prendre l'air et de me vider la tête.

Car, me vider la tête, c'est me concentrer sur mon objectif et ce qui m'attend ces prochains jours. C'est aussi oublier ces dizaines de camping-caristes que j'ai aperçus tout à l'heure. S'ils se sont postés là, c'est qu'ils veulent être aux premières loges pour assister au grand départ. Les fans de voile viennent de toute la France et parfois même de plus loin pour cet événement.

La voile, plus les années passent et plus elle passionne les gens. La voile, c'est aussi dans leur esprit les grands espaces, la mer, la liberté, Tabarly, Kersauson et Riguidel, comme le chante Renaud.

Mais pour moi, la voile, c'est mon métier, ma passion, ma vie ! Et cette Route du Rhum, c'est un passage obligé, une course, une de plus ! C'est aussi une parenthèse dans ma préparation de la Volvo Ocean Race, le tour du monde en équipage avec escales. Cette course qui autrefois s'appelait la « Whitbread » commencera dans un peu plus d'un an à Alicante, en Espagne. Cette course, c'est mon principal objectif !

La Route du Rhum, c'est plus une opportunité qu'un véritable objectif, mais j'ai bien l'intention d'y jouer les premiers rôles. De toute façon, je n'aime pas faire de la figuration.

C'est encore le cas ce matin, où, au fur et à mesure que les minutes passent, je mouline de plus en plus vite à chaque difficulté. Pareil, je redouble d'efforts quand je devine au loin la silhouette d'un cycliste amateur. Mon objectif : le dépasser. Tiens, justement, en voilà un devant moi, en bas d'une longue ligne droite légèrement en descente à l'entrée nord de Saint-Malo. Impossible d'y résister. Je me lance aussitôt à sa poursuite sans le quitter des yeux.

J'aurais pu choisir un autre adversaire, car il y va fort aussi, l'animal. Mais ce n'est pas pour me déplaire : j'aime d'abord le combat. Alors, je mets encore plus de puissance dans mes coups de pédale le long de la plage du Pont, où une belle lumière enveloppe les façades en granit des maisons traditionnelles aux volets blancs ou bleus. Au bout de quelques minutes, c'est gagné ! Je le dépasse avenue du Président-Kennedy, mais j'ai tellement donné dans le dernier kilomètre que je suis à bout de souffle, au bord de la rupture. Ça me rappelle les entraînements de mes débuts avec le pôle Course au large de Port-la-Forêt, l'antre des champions, là où les illustres Michel Desjoyeaux, Jean Le Cam et Roland Jourdain ont élu domicile.

Lors de ces entraînements, je ne mesurais pas mes efforts ! J'étais tout le temps à fond jusqu'à ce que je m'écroule de fatigue. Et je ne pouvais alors m'en prendre qu'à moi-même puisque je ne prenais rien sur moi, ni eau ni ration alimentaire ! Je ne voulais pas m'encombrer avec ça, histoire d'être plus léger que les autres. Un jeu dangereux que je ne pratique plus aujourd'hui. L'âge de raison, sans doute.

J'ai donc doublé mon compagnon de route en le saluant d'un petit signe de tête, mais sans un mot… Je suis dans le rouge. Ouf ! J'aperçois enfin l'entrée de l'hôtel. Il était temps.

À peine descendu de vélo, je perds l'équilibre. Une nouvelle fois, je suis allé au bout de mes forces. Je halète, j'ai du mal à reprendre ma respiration et, dans un état second, je crois entendre les rires moqueurs d'une vieille histoire qui me colle encore à la peau : ma victoire au bord de l'épuisement dans une régate sans aucun enjeu entre Port-la-Forêt et l'archipel des Glénan. Une régate en double sur des petits catamarans de sport pour fêter les dix ans du Challenge espoir du Crédit Agricole, un challenge que j'ai remporté en 1994 et sans lequel je ne serais pas devenu le marin que je suis aujourd'hui. C'était dans les années 2000. Tous les participants avaient pris un copain comme équipier, et moi, comme je ne fais jamais les choses à moitié, j'avais voulu que François Filippi soit avec moi. Il faut dire qu'à l'époque, il était vice-champion de France de formule 18. Le but du jeu consistait à toucher, en fin de parcours, un piquet planté dans le sable, devant un parterre d'invités réunis sur une plage des Glénan.

Et alors que toute la flotte se battait joyeusement dans un vent contraire pour rejoindre cette plage, j'ai demandé à François qu'il me dépose sur un côté de l'îlot pour courir ensuite avec mes bottes et en combinaison sur près d'un kilomètre. J'ai couru, je me suis écroulé de fatigue au pied du piquet et j'ai vomi… en vainqueur. L'histoire du « blaireau » Cammas, comme certains m'ont qualifié ce jour-là, a fait le tour de la baie de Concarneau. Mes oreilles sifflent encore.

J'entends aussi souvent dire que je suis obsédé par la victoire. C'est faux. Simplement, quand je joue, c'est pour gagner, ce qui est d'ailleurs la finalité de toutes les compétitions, même amicales.

Quand je perds, ça ne me coûte pas plus qu'aux autres, seulement, je veux comprendre pourquoi. En conséquence, je rejoue jusqu'à ne plus perdre. C'est de la persévérance, plus que de l'obsession.

Une persévérance qui en ce matin d'octobre se transforme en calvaire à la traversée du hall de l'hôtel. Les jambes sont raides, et des torrents de sueur dégoulinent sur mon visage. J'en ai peut-être trop fait ce matin, mais j'aime cette sensation, cette adrénaline qui permet de renverser des montagnes. Tout au moins de s'y attaquer.

Dans cette Route du Rhum, mon premier challenge, c'est de traverser l'Atlantique en solitaire sur *Groupama 3*, un maxi-trimaran de 31,50 mètres de long. C'est le plus grand bateau engagé dans cette course. Un bateau que je connais bien : c'est à son bord que j'ai remporté, il y a sept mois, le trophée Jules-Verne.

Un trophée qui récompense le meilleur chrono autour du monde en équipage et sans assistance. Un record obtenu en 48 jours 7 heures 44 minutes et 52 secondes au troisième essai après un chavirage au large de la Nouvelle-Zélande. Persévérance gagnante.

C'est donc une cerise sur le gâteau de venir ici avec ce voilier, mais aussi un pied de nez. Ma façon de répondre au nouveau règlement qui ouvre la ligne de départ à tous les bateaux, sans limite de taille. La Route du Rhum redevient *open*, comme au temps de sa création. Une manière de répondre favorablement aux sollicitations de Francis Joyon ou Thomas Coville, qui sont, lorsque cette décision est prise, les seuls skippers à naviguer sur des maxi-trimarans spécialement conçus pour être menés par un seul homme.

En toute logique, je ne fais pas partie des favoris. C'est plus confortable moralement, mais la pression est ailleurs. À vrai dire, je ne saute pas au plafond à l'idée de traverser l'Atlantique seul sur un géant des mers conçu pour être mené par un équipage de dix solides gaillards. Les « ultimes », comme on appelle ces bateaux surdimensionnés pour un homme seul, ce n'est pas, à mes yeux, la meilleure façon de concevoir la course au large.

Mais, s'il faut passer par là, alors, banco ! J'ai les armes pour combattre et une capacité d'adaptation que n'imaginent pas alors mes concurrents directs.

Une bonne douche et je rejoins, en voiture, mon équipe de l'autre côté de la ville. À la différence de tous mes camarades de jeu, amarrés les uns derrière les autres sur les quais du bassin Vauban, je suis à l'extérieur du port de Saint-Malo, cale de la Bourse.

Car *Groupama 3* est décidément bien trop grand. Au passage de l'écluse, on dispose d'à peine vingt centimètres de marge sur la largeur. Il y a trop de risques d'abîmer le bateau, et je ne veux pas tenter le diable. Alors, avec l'équipe technique, j'ai pris mes quartiers à proximité de la gare maritime.

J'apprécie d'être à l'écart des autres, loin de la cohue qui gagne jour après jour le port de la cité corsaire. Les bains de foule, ce n'est décidément pas mon truc.

Dans le même temps, je concentre les rendez-vous avec la presse sur deux à trois heures maximum chaque après-midi pour que, le reste du temps, je fasse ma vie comme si de rien n'était. J'entends ainsi m'éloigner le plus possible de l'effervescence qui gagne toute la ville à l'approche du départ. Une période difficile à appréhender, au cours de laquelle tu peux perdre beaucoup d'énergie pour rien – en tout cas, pas au service de la performance. Il faut savoir ce que l'on veut.

Aie ! La preuve par l'exemple : un membre du comité de course demande justement à me voir juste avant le déjeuner, dans les bureaux de l'organisation, de l'autre côté de la ville. Pour ne pas me faire arrêter toutes les cinq minutes par les chasseurs d'autographes, j'emprunte des chemins de traverse à l'écart des grands axes. Porte de Dinan, rue d'Orléans, rue de Chartres, place du Poids-du-Roi, rue Jacques-Cartier et porte Saint-Vincent, c'est l'itinéraire bis, intra-muros, du Cammas pressé. À l'ombre des remparts, j'augmente mes chances de passer inaperçu, mais ça ne marche pas à tous les coups.

La preuve : à mon retour, une vieille femme au teint mat et aux cheveux bruns attachés en arrière affiche un large sourire en me voyant. La voilà qu'elle se met en travers de ma route, place Guy-La Chambre. D'une main, elle tient un garçonnet dont les cheveux longs masquent une partie du visage. De l'autre, elle me tend une page de journal avec un stylo.

— Franck, Franck…

Je m'arrête.

Je m'arrête et j'hallucine ! C'est ma grand-mère !

Mais que fait-elle là ? Ma grand-mère Madeleine est à Saint-Malo ! Mémé Cammas, comme je l'appelle avec ma sœur Agnès, bientôt quatre-vingt-douze ans, vraisemblablement la plus vieille abonnée de *Voiles et Voiliers*. Elle collectionne tous les articles de presse depuis mes débuts dans la voile. C'est elle qui m'a accompagné à mon premier stage sur Optimist à Marseille.

J'avais dix ans. Une grand-mère pleine d'amour, de tendresse et d'attentions, ce dont on manquait parfois, ma sœur et moi, à la maison. D'ailleurs, dès l'âge de douze ans, je faisais plus de quarante-cinq kilomètres à vélo pour passer quelques heures à ses côtés dans son petit pavillon de Meyreuil, l'ancienne cité minière, au sud du massif de la Sainte-Victoire. C'est dire si elle compte dans ma vie, mémé Cammas.

Mais l'illusion ne dure qu'une fraction de seconde. Ce n'est pas elle ! Et puis la voix, cette voix si particulière qui a bercé mon enfance, n'est pas celle qui s'est adressée à moi. Ce n'est pas ma grand-mère, ç'aurait été trop beau !

Oui, car je sais qu'elle est très fatiguée depuis plusieurs semaines. Ce n'est donc pas elle qui se trouve là, face à moi. Mais la ressemblance est troublante. D'autant plus troublante que le môme, qui ne la quitte pas des yeux, certainement son petit-fils, ressemble à une petite fille avec ses longs cheveux noirs, tout comme moi quand j'étais gamin, au temps du cours préparatoire de l'école primaire de Vauvenargues. J'en souris aujourd'hui. Ce qui n'a pas toujours été le cas.

Je saisis le stylo que la vieille femme me tend et appose ma signature en bas de l'article, geste que j'exécute avec un soin tout particulier. De nouveau, nos regards se croisent.

— Merci, monsieur Cammas.

L'accent breton de l'élégante vieille dame ne peut plus me tromper, mais j'ai apprécié l'instant. Nos chemins se séparent aussi vite qu'ils se sont croisés, devant des terrasses pleines à craquer à l'heure du déjeuner.

Un départ de course, c'est vraiment particulier. Plus encore à Saint-Malo, où la ville et le port ne font qu'un. Cela amplifie considérablement l'impact populaire de cette aventure transatlantique… Et c'est une course en solitaire, l'épreuve la plus chère aux yeux du public français depuis la victoire d'Éric Tabarly dans la Transat anglaise le 19 juin 1964. Alors, même avec mon stratagème, difficile d'échapper aux sollicitations. Les photos, les autographes, ça fait partie du jeu. Il y a aussi les petits mots, les encouragements. Je les entends. Plusieurs me souhaitent bonne chance. Il m'en faudra certainement pour aller au bout.

— Franck, une photo.

Vu et reconnu, comme une star du foot. C'est bon pour l'ego, mais je ne cours pas après. Et, à vrai dire, le stress qui m'envahit avant chaque départ ne me permet pas d'apprécier à sa juste valeur ce formidable engouement. Néanmoins, c'est parti pour une série de photos avec *Groupama 3* en toile de fond. Côte à côte, bras dessus bras dessous ou mains sur les épaules comme de bons vieux copains. À chaque supporter son style. Le mien consisterait, à ce moment précis, à disparaître d'un coup de baguette magique. Je ne cours pas après la notoriété, autant par pudeur que par timidité.

À moins de trois jours maintenant du départ, les quais de Saint-Malo sont noirs de monde et, au petit jeu des pronostics, je suis en mauvaise posture… dans la colonne des délaissés. Ces derniers temps, j'ai tendu l'oreille, autour de la piscine de l'hôtel, sur les pontons et dans les rues de

Saint-Malo. Une phrase résume le sentiment général : « Le bateau est bien trop grand pour un si petit bonhomme. »

Un avis que partagent bon nombre d'observateurs de la voile. Il est vrai que mon palmarès dans cette course mythique ne plaide pas en ma faveur. En 1998, je termine certes à une prometteuse troisième place pour mon baptême du feu en trimaran à travers l'Atlantique, mais, quatre ans plus tard, je chavire après seulement sept heures de course. La première fortune de mer d'une longue série puisque, cette année-là, celle du naufrage du pétrolier *Le Prestige* au large de l'Espagne, seuls trois trimarans sur dix-huit atteignent Pointe-à-Pitre. L'honneur est presque sauf, mais je n'en tire aucune satisfaction puisque cette hécatombe précipitera la fin des trimarans 60 pieds, une classe de bateaux dont je regrette encore aujourd'hui la disparition.

Enfin, en 2006, c'est une tristounette cinquième place, loin derrière la chevauchée fantastique de Lionel Lemonchois sur *Gitana XI*, dont le temps canon, 7 jours, 17 heures, 19 minutes et 6 secondes tient toujours de record. Mon bilan reste donc bien faible. Pas de quoi inquiéter les ténors de la discipline. À moins que… À force d'apprendre, je vais bien finir par ne plus me tromper.

J'aime réfléchir à la conception des bateaux et faire progresser mes machines ; c'est ma passion. Alors, avec l'équipe technique et les architectes, j'ai ressorti les calculettes et la planche à dessin pour rendre *Groupama 3* parfaitement manœuvrable en solo. Il faut gagner du poids, et cela s'est d'abord traduit par un énorme coup de balai à l'intérieur : sièges, couchettes, table à cartes, tout a disparu sauf le coin cuisine. Aujourd'hui, je dispose d'un vrai loft.

Hisser la grand-voile demandait aussi bien trop d'efforts. Chaque fois, on atteignait les limites du possible pour une seule et même paire de bras.

La mienne. Alors, le gréement, les voiles et l'accastillage ont subi la même cure d'amaigrissement. Presque une tonne et demie de gagné et des efforts en moins. Certes, je perds des mètres carrés de voilure, mais je gagne en poids et en tangage. C'est tout bénéfice.

Mais, au-delà de tous ces changements et pour le grand public et la presse non spécialisée qui en fait ses choux gras, la métamorphose de *Groupama 3* se résume à un vélo sans roue, fixé à l'arrière du bateau. Eh oui !

Pourtant, je n'ai rien inventé. Il y a une trentaine d'années, un équipage de la Coupe de l'America avait déjà utilisé à l'entraînement la force des jambes pour agir sur un winch, petit treuil à main que le synonyme français « cabestan » renvoie à la marine à voile d'un autre temps. La difficulté, c'est qu'il lui fallait pédaler à l'aveugle à l'intérieur du bateau. Et, quand tu ne sais pas, ni ne vois ce que tu commandes, c'est ingérable.

D'où l'idée d'installer ce fameux vélo à l'extérieur, dans le cockpit, où j'ai prise directe sur la marche du bateau. Je tente donc l'expérience en suivant les conseils avisés de Bernard Hinault, croisé sur une étape du Tour de France quelques mois plus tôt, car les premiers essais ne sont guère concluants.

La principale difficulté, c'est le point mort, sorte de talon d'Achille des cyclistes quand les pédales sont à la verticale. Sur un vélo qui n'avance pas, comme celui que j'installe à l'arrière de mon voilier, ce problème te saute à la gueule. La solution, soufflée à mon oreille par le célèbre champion cycliste breton : un grand plateau ovale. Aussitôt dit, aussitôt corrigé.

Je prévois d'utiliser ce vélo pour les manœuvres les plus longues, en alternant le travail des bras et le travail des jambes. Des manœuvres qui demandent, en moyenne, dix bonnes minutes. Un effort violent qui équivaut, dit-on, à un sprint en montée. C'est dire combien le cœur s'emballe et les muscles frôlent l'explosion. Avec ce nouveau système, quand les biceps se contractent, je passe au vélo sans aucun temps de récupération. De précieuses minutes de gagnées… Une victoire se joue souvent à des détails. Je ne laisse rien au hasard. Le vélo est donc installé dès la mise à l'eau du bateau. La photo fait le tour du monde.

S'il y a six mois, je ne représentais aucun danger pour mes adversaires directs, il m'est agréable d'observer que les regards changent après le lifting estival de *Groupama 3*. Les regards changent notamment après une séance d'essais entre l'île de Groix et Belle-Île, contre *Groupama 2* avec Fred Le Peutrec à la barre.

Sur quelques bords, je tiens parfaitement la cadence contre mon ancien bateau extrêmement performant, mais plus petit. De retour à la base, Fred m'assure que, vu de l'extérieur, *Groupama 3* en solo, c'est efficace, ça a de la gueule et qu'il le sent bien !

En parlant de vélo, je n'ai toujours pas récupéré de mon sprint matinal avenue Kennedy. Alors, à peine avalés un bol de céréales et des fruits secs, je regagne ma chambre d'hôtel pour une petite sieste. Avant une course en solitaire, comme la Route du Rhum ou la Transat anglaise, il faut savoir se reposer en prévision des futures nuits blanches. En l'occurrence, tous les préparateurs physiques recommandent de multiplier les siestes en cours de journée pour entrecouper le sommeil nocturne habituel et se préparer ainsi à dormir sur de très courtes séquences. Je me prête facilement à l'exercice.

À peine couché, j'entends mon téléphone vibrer sur la table de nuit. C'est mon père. Son cinquième appel depuis le début de l'après-midi. En plus, il ne laisse pas de message. Je veux bien croire que la famille s'inquiète à quelques heures du départ, mais là, c'est trop. Comme d'habitude, je ne réponds pas.

Il faut que je dorme.

À peine le temps de refermer les yeux, qu'une porte s'ouvre. Décidément, difficile de trouver le sommeil aujourd'hui !

C'est Perrine, ma compagne. Pour la sieste, c'est foutu.

Perrine Vangilve, double championne du monde en planche à voile, est maintenant journaliste pour *Le Télégramme* de Brest. C'est comme ça qu'on s'est rencontrés, il y a un peu plus de cinq ans ! Lors d'une interview. Son questionnaire de Proust s'est transformé en *speed dating* ! On a bien accroché, tous les deux…

Et comme Perrine est aussi une fondue de sport, c'est donc serviettes sous le bras que nous descendons à la piscine d'eau de mer de l'hôtel. Histoire de faire quelques longueurs, histoire aussi de rivaliser sur 100 mètres. Qui de nous deux fera le meilleur chrono de la journée ? Je ne peux pas m'en empêcher. Mon carburant, c'est la compétition, et Perrine est mon meilleur partenaire d'entraînement.

Ça ne rigole pas sous les regards incrédules des autres pensionnaires du Centre de thalassothérapie que j'éclabousse sans vergogne. Plongeon, coordination des bras, roulis des épaules, battement des jambes… Je n'ai rien oublié de mes belles années de natation quand je signais des chronos autour de la minute (1 min 10 s) sur 100 mètres nage libre.

Comme le vélo, la natation fait partie intégrante de ma préparation physique. Pourtant, combien j'ai souffert de mon apprentissage… jusqu'à en pleurer.

Je me souviens, en particulier, de mes premiers cours de natation à la piscine municipale de La Roque-d'Anthéron.

Dans les exercices de battement des pieds, avec la planche. J'étais le seul du groupe à reculer au lieu d'avancer.

La honte pour un môme de cinq ans, surtout sous les yeux de sa mère. Éliane, ma maman, était là debout, juste au bord du bassin. Et son regard trahissait à la fois de la compassion et une immense déception. Ce jour-là, je m'étais senti tellement minable que je n'ai pas pu retenir mes larmes et, transi de froid, j'ai demandé à sortir.

Passé cette douloureuse entrée en matière, j'ai fini par nager dans le bon sens et apprécier la natation. Néanmoins, je garde un mauvais souvenir d'un stage à Vichy pendant les vacances de Pâques avec le groupe compétition de mon club de natation d'Aix-en-Provence. Tous les jours, je devais enchaîner les longueurs sur plusieurs kilomètres. J'avais neuf ans.

À mon retour, j'avais arrêté la natation avant de replonger quelques années plus tard, à la fin du collège, pour signer d'excellents chronos sur 100 mètres. Malheureusement, j'étais bien trop petit pour prétendre devenir un champion de natation.

Dans la même déveine, après plus de sept ans de piano au conservatoire, le professeur de musique m'a dit que j'avais les mains trop étroites pour jouer tel un virtuose. Heureusement, dans la voile, la taille du marin ne compte pas.

À moins de trois jours maintenant du départ, je suis plus que jamais sous tension. J'envie l'un de mes meilleurs amis, le skipper suisse Stève Ravussin, qui peut aller boire et se marrer avec des potes si près de l'échéance. J'en suis totalement incapable.

Absorbé par la dimension de ce défi, je n'arrive pas à décrocher. Et quand je m'accorde une pause avec des amis, ça ne dure pas. Au bout de quelques minutes, je n'aspire qu'à une chose : me retrouver seul.

Car j'aime être seul, loin de tout. Gamin, quand les parents se chamaillaient, et ça n'a fait que s'aggraver au fil des ans, je partais seul, à pied, au sommet de la Citadelle, un petit relief en bordure des Adrets de Claps, à trois kilomètres de Vauvenargues, près d'Aix-en-Provence. C'est là que nous vivions, à quatre, dans un vieux mobil-home.

Les jours de grande tension, je mettais la barre encore plus haut avec le pic des Mouches, qui culmine à 1011 mètres dans le massif de la Sainte-Victoire, juste en face du campement familial, où, avec ma sœur Agnès, de deux ans mon aînée, j'ai vécu une grande partie de mon enfance sans beaucoup de confort. De quoi se forger le caractère.

À douze ans, je m'échappais aussi régulièrement en vélo dans le col de Porte pour me rendre à la maison des grands-parents paternels, Madeleine et Antoine Cammas. Il me fallait franchir ce col pour aller de l'autre côté du massif de la Sainte-Victoire. Mais là, c'était la maison du bonheur, où il y avait la télévision, la seule qu'il m'était permis de regarder.

Ce matin encore, le vélo était une échappatoire, un espace de tranquillité, avec toujours ce même goût de l'effort, exacerbé par l'éducation de mes parents qui, lorsque j'avais quatre ans, m'ont fait faire le tour du Mont-Blanc en randonnée ! Ça ne s'invente pas !

Mais aujourd'hui et après cet intermède à la piscine, je n'y pense pas ! J'ai la météo bien en tête. Je me projette déjà dans le cockpit de mon trimaran, les manœuvres à enchaîner, la route à suivre ; seulement, la réflexion s'arrête là. Cela fait huit jours que je n'ai pas navigué et, dans le confort de ma chambre, au troisième étage du Grand Hôtel des Thermes de Saint-Malo, difficile d'épouser les mouvements du bateau, même quand on a vue sur la mer.

Bientôt, je vais devoir dormir par terre, en ciré, dans le cockpit ouvert de *Groupama 3*. Je dois garder ça en tête pour ne pas perdre le fil en début de course. Le choc est souvent brutal. Alors que la nuit vient de tomber sur Saint-Malo, que la fête bat son plein dans les pubs de la ville et sous les barnums des différents partenaires de la course, moi, je suis à bord de mon bateau, où l'ambiance reste studieuse, le calme règne. J'en profite pour régler les derniers détails techniques.

Question nourriture, l'absence de dessalinisateur évite de trop se creuser la tête. Au lieu d'embarquer des litres d'eau pour manger lyophilisé, autrement dit de la poudre, j'ai opté pour des aliments naturels et des plats préparés.

C'est bien la seule entorse à mon éternelle marotte du surpoids et ma chasse systématique aux grammes superflus. J'emporte surtout des plats faciles à préparer et que j'apprécie parce que mon habituel manque d'appétit en course m'a déjà joué des mauvais tours. Je m'interdis désormais de naviguer en état d'hypoglycémie.

Mon plat favori ? Des pâtes avec de l'huile d'olive. Avec de l'eau bouillante et un thermos, ça se fait tout seul, comme le riz. Pour les protéines, j'ai de la viande séchée. J'emporte toujours de la viande séchée de grison, du bœuf version bio, loin des dogmes culinaires de mon enfance. En effet, les « religions alimentaires familiales », il y en a eu plusieurs. Elles nous interdisaient, ma sœur et moi, d'aller à la cantine le midi.

Chaque jour, nos parents, tous les deux professeurs, nous récupéraient pour pique-niquer en famille sur les bancs d'un jardin public ou dans la voiture en cas de pluie ou de grand froid. Hiver comme été. Des repas froids sans viande et parfois du poisson. J'ai mangé mon premier hamburger, en homme libre, à dix-neuf ans. Un régime familial qui a ses vertus, mais auquel je n'obéis que très partiellement aujourd'hui.

Justement, ce soir, à moins de deux jours du départ, je suis avec Perrine à la table d'une pizzeria située sur le front de mer de Saint-Malo. Ma mère et mes deux filles, Jade et Thaïs, nées d'une première union, doivent bientôt nous rejoindre. Même si je ne le montre pas, je suis impatient de les revoir. Je les vois si peu !

Une chose m'inquiète cependant : le regard de Perrine. Son attitude aussi. Cet après-midi, elle n'a pas nagé à son rythme. J'ai le sentiment qu'elle m'a laissé gagner, ce qui a le don de m'agacer, et elle le sait. Ce soir encore, elle n'est pas comme d'habitude. Son sourire si caractéristique et ses douces paroles ont disparu. Et je lis surtout de l'inquiétude sur son visage. Un visage tourmenté. En viendrait-elle, elle aussi, à douter de mes capacités ?

Je le lui demanderai plus tard. Mes filles doivent arriver d'un moment à l'autre. Ah ! ce sont peut-être elles : mon portable se met à vibrer. Mais non, c'est un nouveau SMS. Je ne les compte plus depuis bientôt vingt-quatre heures. Une avalanche de *Bon vent Franck*, de *Courage champion*, de *On se retrouve de l'autre côté de l'Atlantique*. Tous ces messages me vont droit au cœur.

Mais là, ce n'est pas un message comme les autres. C'est l'ex-femme d'un cousin de Gardanne qui me l'envoie. Que me veut-elle ? Je ne la vois jamais ! Ah si : parfois, elle aussi m'adresse un petit message d'encouragement au départ d'une course. Mais cette fois-ci et tout en ouvrant le message, je reçois comme un coup de poignard en plein cœur. Mes yeux s'embrument, je peine à lire ce qu'elle a écrit. Je n'ose pas y croire !

Alors, je relis son SMS lentement, à voix basse.

Condoléances pour ta grand-mère.

En une fraction de seconde, le monde s'écroule autour de moi !

Je revois le visage de mémé Cammas, j'entends sa voix, son rire, elle m'appelle…, puis elle s'éloigne, elle disparaît. Le cœur brisé, le souffle coupé, les yeux remplis de larmes, j'interroge Perrine :

— Tu savais ?

Sa réponse est à l'image de son visage, ce visage qu'elle avait lorsqu'elle est entrée dans la chambre cet après-midi pendant ma sieste, ce visage qu'elle a eu toute cette journée. Et sa réponse tombe malheureusement comme un couperet :

— Appelle ton père !

Je commence à comprendre.

Perrine connaissait la triste vérité, mais elle avait gardé le silence pour me protéger. À la demande de qui ? Pourquoi ? Je suis complètement sonné.

J'essuie mes larmes du revers de ma manche ; je trouve le courage de reprendre mon téléphone, où ce message si cruel est encore affiché, et j'appelle mon père.

— Yves, c'est Franck. Qu'est-ce qui se passe ? Comment va mémé ?

— Elle est décédée hier.

Un chagrin immense m'envahit. Je mesure aussitôt que je ne pourrai pas l'embrasser une dernière fois. Que je ne pourrai plus jamais l'embrasser.

Que je ne pourrai plus lui dire combien elle a compté pour moi, combien je l'aime, combien… On devrait toujours dire ses sentiments aux gens que l'on aime tant qu'il est encore temps. Après, c'est trop tard. Mémé est partie, mémé est en paix, mais moi j'enrage. Car, pour ses obsèques qui se tiendront certainement en début de semaine prochaine à Meyreuil, je serai en mer.

— Ça fait chier !

Alors comme pour me défouler sur quelqu'un, je questionne une nouvelle fois mon père :

— Pourquoi tu ne m'as pas appelé avant ?

— Je me suis posé la question. Fallait-il te le dire au risque de te déstabiliser avant le départ ? Pour ta mère que tu vois ce soir à Saint-Malo, c'était un non catégorique. En revanche, ta sœur y était favorable, car, selon son entourage en Bretagne, on ne cache jamais la mort d'un proche à un marin qui prend la mer. J'ai cherché à te joindre cet après-midi, mais, comme d'habitude, tu ne rappelles jamais, et je ne me voyais pas laisser un simple message.

Si j'avais décroché lorsqu'il m'a appelé ! Ça n'aurait peut-être rien changé, mais j'aurais pu anticiper sur cette soirée où ma mère, Jade et Thaïs viennent de nous rejoindre au restaurant. Et comme je ne veux pas gâcher cette petite réunion de famille, si rare, je ne dis pas un mot du malheur qui me frappe. Le marin sans état d'âme a revêtu sa carapace et profite de ses deux petits anges. Mais je serre les dents, d'autant que la mort de ma grand-mère paternelle ne suscite, visiblement, aucune émotion particulière chez ma mère. Cela me rend encore plus triste.

À chacune de mes traversées, mémé Cammas (c'est ainsi que je l'ai toujours appelée) allumait une énorme bougie qui brûlait jour et nuit. Sa façon à elle, l'ancienne militante communiste, reconvertie à la religion rosicrucienne, de veiller sur moi à travers les océans.

Il y a vingt-sept ans, c'est elle qui m'accompagnait chaque jour à l'école de voile de l'Union nautique marseillaise au pied du Pharo, à Marseille. Personne ne pouvait imaginer, alors, combien ce stage d'Optimist allait devenir le terreau de mes plus beaux rêves et construire ma vie.

Chez mémé Cammas, c'était aussi une attention de tous les instants, loin du rythme infernal que s'imposaient nos parents dans leur éternelle quête d'activités et leur incroyable détermination à tout faire eux-mêmes : la maison, le pain, le fromage, le miel, et j'en passe.

Chez mémé Cammas, c'était encore le Tour de France cycliste. Une cure de télé d'une semaine, en plein mois de juillet, avec en prime les gâteaux de mon grand-père Antoine, pâtissier de formation, qui a travaillé la plus grande partie de sa vie à la mine de charbon.

Un couple d'ouvriers militants qui a consacré toute sa jeunesse au parti communiste, à la section d'Aix et de Berre. Ils collaient des affiches à la sortie du travail, ne rataient aucune réunion et consacraient presque toutes leurs vacances à faire du bénévolat dans des colonies de vacances, en particulier à Sylvanès, dans l'Aveyron. Antoine faisait la cuisine. Madeleine était monitrice et s'occupait de l'économat. Donner du temps pour les autres. C'est ce qui a toujours guidé leurs vies. Ma sœur et moi en avons bien profité.

N'ayant pas l'eau courante sur le terrain de Vauvenargues et, par conséquent, pas de machine à laver, c'est ma grand-mère qui faisait la lessive. Autrement dit, les paniers de linge sentaient bon la lavande.

J'ai encore le souvenir de ses succulents gâteaux à la crème Chantilly et du poulet grillé qu'ils apportaient pour l'anniversaire d'Agnès et le mien. Il s'agissait là des seules entorses au régime bio et végétarien dicté par mes parents. De véritables jours de fête.

Madeleine, orpheline dès son plus jeune âge, savait nous apporter le confort et une douceur que l'on n'avait pas au quotidien. Le grand-père Antoine s'illustrait plutôt par son mauvais caractère. Mais c'était un homme d'une extrême gentillesse. Il est décédé en août 1997, quelques jours seulement après ma première et seule victoire dans la Solitaire du Figaro. Une victoire qui a lancé ma carrière sportive. Il y a treize ans...

Les Chinois disent que, dans le yin, il y a le yang. Qu'à la suite d'un malheur, il y a toujours un espoir, un bonheur qui va naître. Et, après le bonheur, c'est une contrainte qui apparaît.

Une philosophie très éloignée de mon esprit cartésien, mais qui résonne comme une évidence ce soir. Ma grand-mère, fatiguée par les ans et les peurs accumulées au fil de mes traversées (on me dit qu'elle ne dormait pas quand j'étais en mer), se retire à la veille d'une course qui m'échappe depuis ma première participation en 1998.

Au stress du départ s'ajoute une peine très profonde. Je suis effondré, inconsolable, mais, dans cette brutale disparition, je vois aussi un signe du destin. Une motivation supplémentaire.

Alors, et comme cela fait plus de deux heures maintenant que je tourne dans le lit, je ressasse les mêmes images, les mêmes scènes de mon enfance. Je n'arrive pas à trouver le sommeil. Jamais je n'aurais imaginé être aussi éprouvé par la mort de ma grand-mère Madeleine. J'en ai même pleuré tout à l'heure. Seul dans la salle de bain. Seul dans mon coin. Seul comme je le serai bientôt au milieu de l'Atlantique. En plus du deuil qui me frappe et malgré toute mon expérience de la course au large, je cogite grave devant le plus grand défi de ma carrière de marin.

Pendant ma qualification début juillet, point du règlement qui m'imposait de parcourir 1500 milles pour attester de mon aptitude à naviguer en solitaire sur *Groupama 3*, j'ai parfaitement réussi l'examen de passage. J'ai enchaîné les manœuvres sans trop de difficultés, ce qui est plutôt rassurant. Et j'ai réalisé de bonnes moyennes !

Mais ça se résume à quatre jours de mer en solitaire sans coup de vent, sans grosse difficulté entre la Bretagne et le sud du Portugal. La Route du Rhum, c'est une toute autre histoire, et j'en sais quelque chose. Alors, le remue-méninges se poursuit.

La nuit a été courte. Je ne tiens plus. À l'heure du laitier, je m'installe devant l'ordinateur pour consulter les fichiers météo. Enfin, de bonnes nouvelles. L'option sud tient toujours.

Depuis plusieurs jours, en effet, Jean-Luc Nélias et Charles Caudrelier, chargés de mon routage à terre, tablent sur deux trajectoires. Une option « sud » plus facile en termes de pilotage parce que ce sont des allures portantes, c'est-à-dire que le vent souffle dans le sens de la marche. Dans ces conditions, je sais que je gagne en confort, en vitesse et en sécurité. Et une route « nord », plus courte, mais plus difficile avec des vents contraires.

Comme tous les grands multicoques, *Groupama 3* ne passe pas forcément bien face au vent contre une mer formée.

Impossible d'attaquer dans ces conditions, à moins de s'appeler Francis Joyon, l'homme qui détient aujourd'hui tous les records en solitaire. Mais je ne suis pas Francis Joyon et je n'ai pas ses bras.

En revanche, quand les conditions de vent sont favorables, mon bateau va vite sans prendre trop de risques. Je penche donc pour la route sud, le long des côtes portugaises. Un choix que ne partagent pas tout de suite mes routeurs, mais c'est moi le patron.

Le soleil vient de se lever. Une belle clarté d'automne illumine les rideaux de la chambre. Pour la première fois, depuis le début de la semaine, je laisse le vélo au garage. J'ai besoin de souffler et prendre un peu de bon temps en famille. J'avais demandé un emploi du temps allégé ; ça tombe bien.

Derniers briefings de la direction de course, derniers rendez-vous avec la presse. Entre la Route du Rhum et le décès de ma grand-mère, mes pensées s'entrechoquent, mais je ne laisse absolument rien paraître.

À moins de vingt-quatre heures du départ, seul un cercle très restreint connaît la triste vérité, et j'ai demandé à tous la plus grande discrétion. Secret absolu.

Seule ombre au tableau : Éliane, ma mère, qui ne peut rien cacher de ses ressentiments. Elle est très en colère depuis l'annonce du décès de ma grand-mère et n'arrête pas de répéter :

— Ils sont fous de te l'avoir dit !

Connaissant mon profond attachement pour mémé Cammas, elle ne voulait absolument pas que je l'apprenne avant le départ, de peur que je perde tous mes moyens dans cette Route du Rhum. Pour elle, j'avais déjà assez de pression sur les épaules. Inutile d'en rajouter ; mieux valait attendre l'arrivée en Guadeloupe. Et c'est ce qu'elle avait d'ailleurs demandé la veille à mon père et à ma sœur : garder le silence jusqu'à Pointe-à-Pitre. Sauf que, maintenant, je le sais, et elle a peur pour moi.

D'où sa colère ce matin sur la digue de Rochebonne, où je profite néanmoins d'un bol d'air en famille avec mes filles, loin du tumulte de la Route du Rhum.

Des rires fusent de la plage. Jade s'en donne à cœur joie, pieds nus dans le sable, à la recherche de nouveaux trésors. Elle a déjà mis la main sur un os de seiche, deux énormes coquillages et un morceau de bois flotté. Un magot qu'elle enrichit à chacune de ses explorations sous les tas de goémons déposés par la mer sur la plage du Sillon. Une plage de trois kilomètres, la plus grande de Saint-Malo, que je remonte tranquillement en tenant Thaïs par la main.

Je prends mon temps. C'est bien la première fois depuis mon arrivée à Saint-Malo. Depuis même des années. Thaïs, la seule de mes deux filles à avoir réellement vécu ma séparation avec Ambre, sa mère, en 2005, l'a bien senti. Elle ne quitte plus ma main.

Une main qu'elle serre de plus en plus fort. Ouah ! Que d'émotions depuis hier. Il est temps que le match commence. Mais, en attendant, je profite de l'instant présent, de ces deux cœurs qui emplissent le mien d'une joie et d'une fierté indescriptibles.

Cette parenthèse familiale me fait presque oublier qu'on y est… presque. Eh oui, *Groupama 3* est au mouillage comme les autres bateaux de la catégorie Ultime et les trimarans 50 pieds qui ont passé l'écluse dans la journée. Une partie de l'équipe technique dort à bord pour une dernière nuit tranquille. La mienne reste agitée.

31 octobre 2010. C'est le jour J. Il est à peine huit heures quand je quitte l'hôtel au volant de ma voiture. Comme la plupart des skippers, j'ai hâte de retrouver mon bateau et entrer pour de bon dans la course.

En attendant, c'est un véritable gymkhana pour rejoindre la gare maritime. Un gymkhana entre les hordes de supporters, casquettes de sponsors vissées sur le crâne. Des supporters qui rejoignent les files d'attente des vedettes à passagers. C'est aussi un petit groupe d'une dizaine de personnes, des « spécialistes » équipés de jumelles, que je contourne de justesse dans le dernier carrefour. Tout ce petit monde discutait tranquillement au beau milieu de la chaussée, et il a fallu que je freine brutalement pour éviter l'accident.

Difficile aussi de se frayer un chemin pour rejoindre incognito la cale de mise à l'eau. Alors, je presse le pas au milieu de la foule dans un joyeux concert de klaxons, binious et cornes de brume. C'est la magie de la Route du Rhum, et elle me gagne à nouveau.

En chemin, je donne mon accord par texto pour une dernière interview. Trois questions pour M6 sur la cale, juste avant d'embarquer. Je fais le métier, mais, au fond de moi, je suis déjà passé à autre chose. Perrine, qui ne me quitte pas des yeux, l'a bien compris. Elle sait comment je fonctionne. Que ce matin, je ne suis plus dans l'affliction, mais dans la compétition.

Nous y sommes : les derniers au revoir, les derniers baisers, petits signes de la main, le quai s'éloigne, *Groupama 3* glisse doucement vers la zone de départ. J'en profite pour jeter un coup d'œil sur les camarades de classe, en quête d'un geste, d'une attitude, d'un petit détail susceptibles de me renseigner sur l'état d'esprit des uns et des autres. Attention, cependant : l'effet miroir est terrible.

Aucun de mes tourments ne doit apparaître au grand jour. Surtout pas le trouble de la démesure que j'éprouve encore à ce moment précis, de partir seul sur un si grand bateau. Heureusement, Stéphane Guilbaud, chef d'équipe de Groupama et compagnon de victoires depuis notre première rencontre en 1996, est à mes côtés ; c'est réconfortant.

Reste cette cheville douloureuse. Un mauvais coup de pédale l'autre jour quand je suis descendu de vélo, pour un besoin pressant, à la sortie de Saint-Coulomb. Un mauvais coup de pédale dont je n'ai pas bien mesuré les conséquences et je m'en mords les doigts.

Alors que toute l'équipe s'active pour préparer le bateau, je me bats avec un rouleau de bande adhésive et une paire de ciseaux. Je n'arrive pas à mettre convenablement le *strap* qui ne tient pas dans les bottes. Je me vois mal faire la Route du Rhum sur une seule jambe ; alors, j'appelle Adeline au secours. Adeline, c'est la kiné de l'équipe qui rejoint le bateau en urgence. Opération réussie. Ouf ! Moi qui voulais faire dans la discrétion. C'est raté !

— Les gars, c'est l'heure.

À bientôt quatre minutes du départ, il est temps pour mes équipiers de me laisser seul à bord, comme l'exige le règlement. Je sonne donc le rappel avec autorité pour montrer toute mon assurance.

Les bougres, ils avaient anticipé. Ils se tiennent déjà tous devant moi en combinaison de survie, prêts à sauter dans une eau à douze degrés pour être récupérés ensuite par des pneumatiques. Les accolades sont brèves, et les poignées de main, viriles. Je suis gagné par l'émotion, mais, pour tromper l'ami, j'éclate de rire. Ma façon à moi de mettre fin à une situation difficile. Ma façon à moi de ne pas répondre à une question qui dérange. Ma façon à moi de ne pas me dévoiler. Il n'y a plus une seconde à perdre ; tous se jettent à l'eau. Pour ma pomme, c'est un autre plongeon. La grande aventure commence. Travers au vent bâbord amures.

Le temps est superbe, des conditions de départ idéales, mais le danger est omniprésent : il y a tellement de monde sur l'eau. Alors, je ne quitte plus des yeux mon écran d'ordinateur. C'est cela, aussi, la voile moderne. Je surveille ainsi tous les bateaux qui m'entourent avec, en point de mire, la ligne de départ. Je suis en mode course, dans l'action et concentré au maximum pour éviter la moindre erreur d'appréciation ou de pilotage.

Tout fonctionne à merveille. Excepté un petit coup de barre pour m'éloigner d'un trimaran 50 pieds que je jugeais trop à mon vent. C'est le scénario idéal. Au *reaching*, une allure contre le vent où *Groupama 3* atteint de belles vitesses et, bien dans ma trajectoire, je coupe la ligne juste après le coup de canon. Canon comme mon départ. Je prends le commandement d'entrée de jeu.

C'est ma première confrontation avec les ultimes de cette Route du Rhum survitaminée. À mon vent, Sidney Gavignet attaque comme un fou sur *Oman Air Majan*, un maxi-trimaran de trente-deux mètres. Mais je reste devant sans utiliser tout le potentiel du bateau. Autrement dit, j'en garde sous le pied. C'est tout bénéfice. Autre motif de satisfaction, ce vent de terre qui me conduit sur un seul bord au cap Fréhel. Je ne pouvais pas imaginer un si beau scénario. Le cap Fréhel est une imposante falaise de grès de soixante-dix mètres de haut, une tribune naturelle où prennent place, dès la veille du départ, quand ce n'est pas plusieurs jours à l'avance, des milliers de personnes. Jusqu'à cinquante mille lorsque la météo s'y prête.

Ce qui est le cas aujourd'hui. Cinquante mille supporters qui s'époumonent au passage des bateaux. Sensations fortes garanties à la bouée du cap Fréhel, dernière marque de parcours avant le grand large. Décuplées lorsqu'on vire en tête. Je l'ai déjà vécu en 2006.

À l'approche de Fréhel, le vent mollit par-devant. Je suis logiquement le premier à en subir les conséquences. Puis toute la flotte ralentit, sauf le *Gitana XI* de Yann Guichard, qui navigue plus à terre. Le trimaran vainqueur de la dernière Route du Rhum avec Lionel Lemonchois a été rallongé d'un peu plus de cinq mètres. Cela en fait un maxi-trimaran très véloce. Le danger est là.

J'ai déjà pris la colonne de winch pour dérouler le gennaker, une voile d'avant de quatre cent soixante-douze mètres carrés Debout, bien en appui sur mes deux jambes, je mouline à grands tours de bras et de plus en plus vite.

Le cœur s'accélère, les muscles tremblent et je grimace sous la violence de l'effort. C'est le moment ou jamais de passer aux travaux pratiques avec le vélo. Je termine donc la manœuvre à la force des jambes, sans prendre la moindre minute de récupération, et ça marche. Je suis toujours en tête de la course. Ce vélo n'est pas un gadget.

Les photographes qui me suivent de près, à fond la caisse dans leurs zodiacs, se sont bien régalés, mais je ne courrai pas après un bon cliché, seulement après la bouée de Fréhel que je tiens absolument à virer en tête. Je suis d'abord un compétiteur.

C'est fait. Comme en 2006, en espérant que l'analogie s'arrête là, puisque j'avais dû me contenter, alors, de la cinquième place à l'arrivée en Guadeloupe. En attendant, je savoure les applaudissements et les cris d'encouragement dans le vacarme des cornes de brume. Il n'y a que la Route du Rhum pour offrir ce tonnerre d'acclamations en mer.

J'ai alors une pensée pour mémé Cammas. Les yeux au ciel, l'espace d'une seconde. C'est bien la première fois de ma carrière sportive que mon cerveau vagabonde ainsi en pleine régate. Je veux aussi gagner pour elle.

Retour sur l'eau. Je file à 24 nœuds, près de 45 km/h, ce qui n'est pas très rapide pour un géant des mers et, faute de vent, les écarts restent faibles. Francis Joyon sur *Idec* et

Thomas Coville sur *Sodebo* sont à l'attaque un peu plus au large. À mon vent, *Gitana XI* tente toujours de revenir sur moi quand il perd trois cents mètres d'un seul coup, juste parce que son skipper vient de mettre le pilote automatique pour régler un détail à l'intérieur du bateau. C'est cher payé.

À la différence de Yann Guichard, je suis quasiment tout le temps sous pilote automatique. Le bateau a tellement d'inertie (il a été étudié pour ça) qu'il ne dévie jamais de son cap sous pilote. Je me contente donc de surveiller le trafic et préparer ma navigation dans ces premières heures de course. Un luxe.

Ouessant approche, chacun commence à abattre ses cartes. Les tenants de l'option nord sont déjà passés… au nord d'une bande interdite à la course, une zone de fort trafic maritime. Pour les sudistes, dont je fais partie, et ceux qui hésitent encore, il faut s'engouffrer entre cette zone interdite et l'île d'Ouessant. Le passage est étroit. Si étroit que je dois enchaîner trois empannages, c'est-à-dire trois changements de direction avec le vent dans le dos, pour franchir l'obstacle.

Il fait nuit noire, le vent s'est renforcé et je suis au milieu d'une zone côtière très fréquentée par les pêcheurs. C'est ce que je pouvais le plus redouter, mais il n'y a rien à faire ; j'espère seulement ne pas trouver un filet en travers de ma route. Mon premier gros coup de stress depuis le départ.

Finalement, je m'en sors plutôt bien. J'ai même gagné du terrain malgré toutes ces manœuvres. Les feux que j'observais derrière moi à la tombée de la nuit se sont encore éloignés du tableau arrière de *Groupama 3*. Je glisse, cap au sud, mieux que prévu.

Enfin ! Je commençais à désespérer. Enfin, j'ai réussi à mettre la main sur l'ouvre-boîte qui n'était pas rangé dans le bon vide-poche. J'ai besoin d'un petit coup de fouet, car la nuit sera longue. J'ai décidé de ne pas dormir. Et, pour éviter le coup de fringale, je jette mon dévolu sur une boîte de sardines. Une « recette » que je tiens de Lionel Lemonchois, pendant notre dernier tour du monde sur *Groupama 3*. Les sardines, c'est riche en protéines, et il n'y a qu'à ouvrir pour reprendre des forces. D'où l'ouvre-boîte tant désiré.

Au passage d'Ouessant, ma trajectoire n'a plus aucun secret pour mes adversaires. C'est l'option sud avec un impératif : gagner le plus rapidement possible le cap Finisterre à la pointe nord-ouest de l'Espagne. Je dois me glisser dans un trou de souris, une porte qui se referme d'heure en heure, pour toucher en premier les vents portants des côtes portugaises et le début des alizés. Un anticyclone peut me barrer la route. D'où l'urgence.

À l'entrée du golfe de Gascogne, je passe donc à l'attaque. La mer se creuse, mais, vu la taille du bateau, je n'éprouve aucune inquiétude. L'aiguille du compteur flirte régulièrement avec les 30 nœuds, et j'attends avec impatience le premier classement de la journée qui sera riche d'enseignements sur mes chances de victoire.

Le verdict tombe au petit matin. Je suis le plus au sud et le plus à l'est de la flotte. Yann Guichard et Francis Joyon, qui ont pris la même option que moi, sont derrière et seront bientôt confrontés à une zone de petit temps qui se rapproche inexorablement. Dans vingt heures, tout au plus, je saurai si je suis en mesure ou non de gagner ma première Route du Rhum. J'ai bien fait d'insister et parier sur la route sud.

Fatigué par cette première nuit blanche, je m'assoupis quelques instants sous la casquette du bateau. Un espace abrité conçu pour quatre équipiers, où j'ai installé ma cellule de vie. Tout est à portée de la main : ordinateur, téléphones, couchette. Il ne manque que le réchaud, qui est resté à l'intérieur du bateau. Navigation, routages, échanges au téléphone et sur Skype, je passe l'essentiel de mon temps dans cette bulle, comme si je vivais sur une terrasse couverte.

Fatigué, donc, par ma première nuit sans dormir, je me suis assoupi quand une forte odeur de gazole me réveille brutalement. Une odeur tenace, dont j'identifie aussitôt l'origine : un gros chalutier ! Il fait environ vingt-cinq mètres de long et navigue dans mon sillage, sous une épaisse fumée noire. Je n'ai pas entendu l'alarme ! Ce n'est pas normal. Je m'interroge quand une voix rauque brise le silence de la radio. C'est le capitaine du chalutier, encore tremblant de peur.

— On a failli..., failli se rentrer dedans, c'est…, c'est passé à deux mètres près. Deux mètres. Faut..., faut faire attention !

— Désolé, mais, sous mon cockpit, je ne regarde pas devant, j'ai l'AIS (système d'authentification automatique). Et vous ?

La voix du pêcheur s'est radoucie. Il m'affirme avoir bien branché son AIS.

Je n'y crois absolument pas. Sinon, ma propre alarme se serait déclenchée. J'insiste, mais il n'en démord pas. Je pense plutôt qu'il se cachait pour ne pas montrer sa zone de pêche.

Ma Route du Rhum aurait pu s'arrêter là ce matin. Contre un bateau de pêche français au large des côtes espagnoles. Surpris de me voir arriver aussi vite sur lui – j'avançais alors à plus de 25 nœuds –, ce patron pêcheur breton a mis les gaz à fond, barre avant toute pour éviter que je lui rentre dedans.

Je n'ai rien vu, rien vécu ; donc, je ne suis pas sous le coup de l'émotion comme mon interlocuteur qui dit avoir vécu la peur de sa vie. À l'entendre, on est passés tout près d'une violente collision qui aurait pu être lourde de conséquences, et pas seulement sur le plan matériel. Il s'en est fallu de deux mètres.

Avant qu'on se quitte, tout l'équipage du chalutier me souhaite une bonne course et m'invite à être plus vigilant à l'avenir. Signe qu'il n'est sans doute pas le seul à jouer les bateaux fantômes dans le secteur.

J'enroule le cap Finisterre en moins d'une journée. Toutes les heures qui passent, je gagne du terrain sur mes poursuivants directs et je vais encore accélérer dans les vingt-quatre prochaines heures. Cela décuple mes forces. Tout l'après-midi, j'enchaîne les empannages le long de l'anticyclone.

Je suis de plus en plus à l'aise seul sur ce grand bateau vert, je prends le temps de dormir, ma cheville endolorie tient le coup et c'est une belle entame de course. Reste la peur de l'avarie ou d'une mauvaise rencontre avec un OFNI (objet flottant non identifié), totalement imprévisible, comme son nom l'indique. Sur ces bateaux hors gabarit, toute tentative de réparation en mer est souvent illusoire. Je croise les doigts.

En tout cas, les dés sont jetés. Au nord, Thomas Coville et Sidney Gavignet misent sur une trajectoire plus directe, mais leur terrain de jeux est très accidenté. Quant aux prochaines heures, elles s'annoncent assez musclées. Au sud, c'est une descente moderato vers les alizés avec un talweg et des orages en prime en travers de la route.

Talweg ? Derrière ce nom barbare se cache un front de nuages entre des vents de directions différentes. La victoire se joue sans doute là. Dans des vents aussi instables, la moindre inattention est fatale, surtout sur un maxi-trimaran.

Il y a quelques jours, à Saint-Malo, je m'étais brûlé les cuisses pour rattraper un impétueux cycliste que j'avais pris pour cible. Cet après-midi, j'ai jeté mon dévolu sur un cargo, au loin. Tellement loin qu'il se résume pour l'instant à un point lumineux sur l'écran de mon radar (AIS), pile dans mon axe et suivant le même cap. Je déclenche le chrono. Faut bien passer le temps.

Six heures après, je mets le clignotant à droite pour doubler ce cargo sur la bretelle d'accès des alizés. Je ne sais pas si le capitaine m'a vu. Aucune corne de brume, aucun signe de la part de l'équipage, mais la situation m'amuse. Elle met de l'animation dans ma vie de marin solitaire.

J'ai beau avoir pratiqué le piano et le violon dans ma jeunesse et suivi les cours du conservatoire à Aix-en-Provence, je n'écoute aucune musique à bord quand je suis en solitaire. Mon temps libre, je le passe à dormir, à regarder la mer et à échanger avec la terre. Justement, aujourd'hui, j'ai un appel important à faire depuis mon téléphone satellite.

— Allô, Agnès, tu m'entends ? C'est Franck. Comment ça s'est passé ?

C'était l'enterrement de mémé Cammas aujourd'hui.

La messe a été célébrée dans la petite chapelle Saint-Antoine de Padoue, à Meyreuil, une église provençale que l'on appelle aussi la « chapelle de l'impossible ».

J'y ai pensé toute la journée et j'ai besoin de savoir.

Ma sœur, en larmes, la gorge serrée, a encore du mal à trouver ses mots. Elle sait combien j'aurais aimé être là, à ses côtés, aux obsèques de notre grand-mère. Nous avons tellement de bons souvenirs en commun avec elle.

— Il y avait beaucoup de monde. La famille de papa, les amis, les voisins. Même les vieux camarades de lutte du parti communiste sont venus à l'église, avec des fleurs, surtout des roses… roses, sa couleur préférée. C'était très touchant ! Très émouvant aussi l'hommage que lui a rendu papa. Moi, je n'en ai pas eu la force.

— Qu'est-ce qu'il a dit ?

— Il est revenu sur le travail à l'usine, la centrale à charbon, et son engagement militant pour défendre la veuve et l'orphelin. Il a raconté aussi quelques histoires de famille, et tu connais sa philosophie de la vie : il a rappelé qu'il ne servait à rien de pleurer. Que mamie, arrivée au bout du chemin à plus de quatre-vingt-onze ans, s'était éteinte en plein sommeil, sans souffrir le moins du monde !

Exactement les mêmes mots que vendredi dernier au téléphone quand je l'ai appelé en apprenant la mort de ma grand-mère. Depuis, je m'accroche à cette vérité pour atténuer ma peine.

Mais je sais aussi qu'elle supportait mal de me voir prendre le départ de cette Route du Rhum. Elle en avait même parlé à Agnès quelques jours avant de s'éteindre. Il faut que je l'accepte, et cela me donne encore plus envie de gagner... pour elle.

Une masse noire se dessine à l'horizon. C'est le fameux front que je redoutais, le premier juge de paix de cette traversée, et le moment est venu de l'affronter. Je réduis aussitôt la voilure, et les évènements me donnent raison, car c'est la foire d'automne. Éole a décidé de jouer aux montagnes russes.

Le vent passe de 15 à 30 nœuds, puis retombe à 10. Sous les grains, je n'aperçois même plus l'étrave de mon bateau. Chez Nougaro, la pluie fait des claquettes sur le trottoir d'à côté. Chez Cammas, ce sont les tambours du Bronx, et des trombes d'eau s'abattent sur moi. Hors de question que je lâche la barre pour m'abriter même cinq minutes sous la casquette. C'est trop chaud, je dois surveiller. Encore mieux surveiller. Imperméable au déluge sous la capuche de ma veste de quart. Enfin, presque...

Heureusement, ce moment de fortes émotions, où je laisse une bonne partie de mon énergie, est sans conséquence. Après coup, je m'en veux presque d'avoir été un peu trop prudent. Mais je possède une belle avance sur mes poursuivants à la sortie de cette première grosse difficulté, et tout indique que, sauf accident ou erreur manifeste, je suis bien parti pour remporter cette neuvième édition de la Route du Rhum.

Alors, j'attaque le quatrième jour de course le couteau entre les dents, toutes voiles dehors. En totale confiance dans les fichiers météo. C'est une belle journée qui s'annonce, rapide, sans accroc. Jusqu'à ce que le vent rentre de façon soudaine et brutale à près de soixante-dix kilomètres par heure. Un fulgurant rappel à l'ordre.

Dans l'urgence, j'enroule mon gennaker, la grande voile d'avant. Sans me précipiter pour ne pas aller une seconde fois à la faute. Une intervention sur le fil du rasoir qui me donne encore plus d'assurance. Ce n'est pas *Groupama 3*, mais bien moi le seul maître à bord.

Depuis le départ, tout s'enchaîne à merveille : la stratégie, la météo et les trajectoires. Néanmoins, la fin de course paraît plus complexe, dans un vent très faible, ce que les marins appellent une « zone de molle ». Il me faut presque dépasser la longitude de la Guadeloupe pour garder un peu d'air et revenir contre le vent vers les îles des Antilles découvertes en 1493 par Christophe Colomb. Un itinéraire inhabituel, loin de la route classique des alizés.

Mes routeurs, Jean-Luc Nélias et Charles Caudrelier affirment que je ne peux plus perdre cette course. Moi, je ne sais toujours pas comment ça va finir. Dans ce ralentissement général, je perds plus de temps que prévu, et le magicien Francis Joyon a encore sorti sa baguette magique. Sa route sud qui menait à une impasse, selon les routages, commence à payer. Ce n'est pas encore le hold-up du siècle, mais, connaissant le talent et l'abnégation du cerveau de l'affaire, je prends tout cela très au sérieux.

Encore un saut de vague qui me catapulte en arrière ; rien de bien méchant, mais je dois encore une fois m'agripper solidement à la barre pour ne pas tomber. Je suis complètement rincé. Cela fait bientôt deux heures que ça dure.

Depuis que j'ai décidé, pour la première fois depuis le départ, de couper le pilote automatique pour passer du temps à la barre et tenter, ainsi, de limiter les dégâts. Toute la difficulté sur *Groupama 3*, c'est qu'il n'y a pas de poste de barre assis. La figure imposée, c'est debout, droit dans ses bottes. Et, à force de jouer les équilibristes, j'ai le dos en compote. Mais ça paie. Je grappille des milles sur les calculs effectués à terre et maintiens, du même coup, mon adversaire à bonne distance. C'est le but recherché.

Un bruit de moteur au loin. C'est un avion. Le premier qu'il me soit permis de voir depuis Saint-Malo, signe que la ligne d'arrivée approche. Vincent Borde, compagnon de route depuis 1997 et qui gère toute la communication presse du bateau, a pris place à côté du pilote avec une petite pointe d'inquiétude, je l'apprendrai plus tard.

En effet, à la lecture des classements, il avait l'impression que je n'avançais plus et s'est posé la question d'un problème technique que je n'aurais pas voulu signaler. Il vient donc vérifier sur place et, vu du ciel, c'est rassurant. *Groupama 3* file à 18 nœuds sous des grains menaçants, un ris dans la grand-voile. Le bateau est en parfait état.

Tout va bien à bord. Ce que lui confirment mes grands mouvements de bras, presque en signe de victoire.

Ma dernière nuit, je la passe à zigzaguer paisiblement entre des îles quand le vent rentre à nouveau dans une rafale. Branle-bas de combat ; il faut rouler le Solent, une voile d'avant qui me servait de gennaker de secours et que je venais juste d'envoyer. Après plus de huit jours de navigation, la fatigue commence à peser. Les bras deviennent lourds, très lourds, et les manœuvres, plus difficiles. Il est temps que ça se termine.

Au petit matin, je savoure le spectacle. Un ciel d'azur enveloppe le volcan de la Soufrière. C'est la première fois que j'aperçois le sommet de la Découverte sans la moindre parcelle de brume. Celle que l'on surnomme habituellement la « Vieille Dame » s'est faite belle ce matin pour saluer l'arrivée de la Route du Rhum. La Vieille Dame s'est faite encore plus belle que d'habitude. Tout un symbole pour moi.

J'approche de Basse-Terre en douceur, le cœur léger. Si léger que je verse dans l'euphorie. Au passage devant Sainte, je décide de changer de voile d'avant en plein virement. Je roule et je déroule. Une manœuvre aussi superflue que compliquée.

Je trouve l'exercice très amusant seul sur mon gros bateau. Mais, visiblement, ça ne fait rire que moi. Je dois reconnaître aujourd'hui que ce n'est pas la démonstration de force dont je suis le plus fier. J'ai ri de me voir si beau. L'ivresse de la Route du Rhum, sans doute.

Après la bouée Basse-Terre, qui a pris la forme d'une énorme bouteille de rhum, le vent revient dans les voiles de *Groupama 3*. Un joli coup d'accélérateur qui fait mon bonheur et celui des photographes. La dernière ligne droite jusqu'à Pointe-à-Pitre, sous le soleil des Antilles et au milieu d'une centaine de bateaux, s'écrit comme dans un livre. Après 9 jours, 3 heures, 14 minutes et 47 secondes de course à travers l'Atlantique, je coupe la ligne en vainqueur.

Cette victoire, dont je rêve depuis ma première Route du Rhum en 1998, arrive curieusement, au moment où je m'y attends le moins.

Autant je m'étais formaté pour gagner en 2002 et 2006, autant, là, il s'agissait d'abord de rallier les Antilles sur le plus grand et le plus puissant bateau jamais mené par un seul homme.

Certes, Alain Colas avait pris la cinquième place de la Transat anglaise en 1976 sur un quatre-mâts de soixante-douze mètres mètres de long, mais son voilier *Club Med* avait été conçu pour les courses en solitaire, ce qui n'est pas le cas de *Groupama 3*.

J'ai donc gagné ce pari de la meilleure façon qui soit : par une victoire. Et je m'en délecte dans le joyeux chahut qui accompagne chacun de mes pas entre le ponton d'arrivée et le podium du protocole. Collier de fleurs, corbeille de fruits, champagne, foule colorée, zouk. Le port de Pointe-à-Pitre est en liesse, un bonheur contagieux.

Toute la fatigue de ces neuf jours de mer est oubliée. J'éprouve une joie intense et une immense fierté. Je rejoins Philippe Poupon et Laurent Bourgnon au palmarès de la Route du Rhum. Les héros de mon enfance, dont je collais les photos au-dessus de ma couchette dans le mobil-home.

À mon arrivée sur la terre ferme et les jours suivants, je ne dis rien du décès de ma grand-mère. Mémé est partie, cela ne regarde que moi ! Pas le monde de la voile ! De toute façon, et comme je ne veux pas qu'on s'apitoie, j'exige de mes proches la même discrétion.

Mémé Cammas, ma mémé, je l'ai saluée à ma façon. Elle a été avec moi durant toute cette traversée.

Chaque jour dans les reflets bleus de l'océan. Chaque nuit dans le scintillement des étoiles. Avant le passage de la ligne, je lui ai dédié ma victoire, à ma façon, sans bruit, d'un regard vers le ciel, les yeux remplis de larmes. C'est encore le cas aujourd'hui quand j'écris ces mots.

II

Enfant des montagnes

C'est le grand jour pour la famille Cammas. Maman est à la manœuvre.

— Agnès, Franck, vous avez bien mis les serviettes et le savon dans la voiture ?

Ma sœur et moi, nous échangeons un clin d'œil complice, car, toutes les semaines, c'est la même question. Toutes les semaines, c'est le même rituel. La douche hebdomadaire à la piscine municipale.

Mes parents nous récupèrent à la sortie du collège, et on file tous à la piscine. On nage, on se douche en se savonnant bien partout sans oublier le shampoing. Là encore, maman répète régulièrement la consigne. Et on retourne à l'école, tout propres.

La douche à la piscine, nous n'avons pas vraiment le choix ! Il n'y a pas l'eau courante sur le terrain de Vauvenargues. C'est là que je vis depuis l'âge de onze ans, dans un mobil-home. Un vieux mobil-home acheté par mémé Cammas.

L'hiver, on tire l'eau d'un forage. L'été, c'est une citerne de mille litres que l'on met sur un camion pour la remplir à la borne des pompiers du village. Une expédition que je mène avec mon père tous les deux à trois jours. On n'est pas chez les Thénardier, mais les parents ont le chic de se compliquer la vie. Et nous compliquer la vie, ma sœur et moi.

Tout est parti d'une petite annonce en 1979 dans une coopérative bio. Un terrain à vendre aux Adrets de Claps, un hameau adossé à une colline, au nord du massif de la Sainte-Victoire. Lieu splendide peint près de quatre-vingt fois par Paul Cézanne, lieu magique situé à trois kilomètres du château de Vauvenargues, toujours propriété de la famille Picasso. Lieu de mémoire qui abrita l'atelier du peintre entre 1959 et 1962. C'est un inspecteur de l'Éducation nationale qui a déposé l'annonce. Pour mes parents, tous les deux professeurs, il ne peut pas y avoir meilleure garantie. C'est donc signé à l'automne. Les yeux fermés.

Jusque-là, nous vivions à Meyrargues, à une quinzaine de kilomètres d'Aix-en-Provence, où nos parents travaillent comme enseignants. Ma mère, Éliane, née en 1942, est professeur de sciences naturelles dans un collège. Mon père, Yves, né en 1944, ancien chaudronnier à l'usine, prépare ses élèves au CAP et au BEP de construction métallique.

Nous étions en HLM. Au quatrième et dernier étage d'une petite barre d'immeubles, au bord de la garrigue. De la chambre que je partageais avec ma grande sœur (toute notre jeunesse, on a dormi dans la même chambre), on voyait le château. Un château juché sur un piton rocheux qui surplombe les collines de l'arrière-pays. La vue était magnifique, magique, imprenable, mais l'environnement, plus difficile. Cela ne sentait pas toujours très bon dans les couloirs et le hall de l'immeuble.

Ce n'était pas la vie de château, mais je m'amusais bien avec Karim, mon copain de la grande section de maternelle. J'ai encore en tête nos acrobaties sur le guidon d'un vélo en bas de l'immeuble, jusqu'à l'automne 1979. C'est à cette date que la famille Cammas a fait ses valises pour le hameau de Claps. En provençal, un *claps* est un amas de pierres. Notre terrain le restera encore longtemps.

Et c'est à bord de la 2CV de mon père que nous avons quitté la ville pour rejoindre les vertes contrées.

Mais la 2CV de papa tousse dès le premier lacet du col de Claps. Ce n'est pas haut, seulement cinq cent trente mètres au-dessus du niveau de la mer, mais le pourcentage est sévère.

Derrière la vieille Deuch repeinte en bleu, alourdie par les cartons de déménagement, c'est la R12 de maman qui coince aussi dans les virages. Un convoi qui n'est pas passé inaperçu ce midi dans la traversée de Vauvenargues.

Au bout de la dernière épingle, on quitte les nids-de-poule de la départementale 10 pour s'engager sur les gravillons d'un petit chemin qui descend sur la gauche. Deux cents mètres plus bas, nous y voilà enfin, sur le terrain de notre future maison. Un lieu complètement sauvage. Hors du temps.

Ça sent bon la lavande, la sarriette et le romarin.

On est en Provence, ce sont les odeurs de la garrigue. Rien à voir avec ce que je connaissais hier encore dans la cage d'escalier de notre HLM. Je profite du bon air et j'en prends plein la vue. La montagne en face avec le pic des Mouches est pile-poil dans l'axe du terrain.

Un petit mont, la Citadelle, sur la gauche, et un flanc de colline à l'arrière. J'apprécie déjà mon nouveau terrain de jeu autant que les grillons qui n'arrêtent pas de chanter. Je me mets à courir dans tous les sens entre les haies de genêts jaunes, les oliviers, les cyprès, les chênes kermesse et trois grands peupliers.

La maison, c'est mon père qui va la construire. Pas moyen de faire autrement : les caisses sont presque vides à la maison. Ma mère fait même des ménages le matin, en plus de ses cours de biologie au collège, pour payer le terrain. Pendant les travaux, nous allons vivre dans une petite maison, aux limites de la propriété, prêtée par celui qui nous a vendu le terrain.

C'est le deal de cette vente. En échange de la surveillance de sa résidence principale qui se trouve un peu plus haut sur le même terrain, et de quelques services, on s'installe gratuitement dans une petite maison que l'inspecteur de l'Éducation nationale, appelé à de nouvelles fonctions en Nouvelle-Calédonie, possède toujours sur place. Seule condition : nous devons disparaître chaque été, sa femme ne supportant pas de voir des gens vivre sur sa propriété. Drôle de deal. Inquiétant.

Tout aussi inquiétant, l'état de cette maison de concierge. Soixante-dix mètres carrés, y compris la véranda où l'on a installé le piano familial. C'est notre seul signe extérieur de « richesse ». Les murs sont défraîchis, les peintures des fenêtres s'écaillent et le toit fuit quand il pleut.

Il n'y a que notre lit qui est beau. Un lit superposé que mon père a fabriqué. Mais la chambre est si petite, qu'il prend toute la place, et il faut raser les murs pour circuler. Heureusement que je ne suis pas bien gros.

Mes parents ont tout accepté sans rien dire, jusqu'à ce que ma mère refuse de lever le camp à l'arrivée de Madame en juillet 1983. Après le deal, c'est donc le clash. En représailles, le « gentil inspecteur de l'Éducation nationale » coupe l'électricité. Pas de jus, donc pas de frigo, pas de ventilateur et, par quarante degrés à l'ombre, c'est invivable. Heureusement, un voisin nous dépanne en tirant une énorme rallonge sur plusieurs centaines de mètres, car, ici, les terrains sont très grands. Rien que le nôtre fait un hectare. Ce voisin, c'est le papa de Tessa, une copine de l'école publique de Vauvenargues. Grâce à lui, la vie peut reprendre, mais c'est du provisoire.

Un provisoire qui dure jusqu'à l'été suivant, où nous partons en Italie. Plus que jamais, la route est longue pour rallier la région de Turin, d'où ma mère est originaire et où l'on passe, chaque année, la plus grande partie des vacances scolaires en famille. Sauf que, cette fois, mon père est resté en France pour continuer le chantier, agglo par agglo. Les travaux d'Hercule sous la vague de chaleur du printemps 1984.

Sur la route du retour et depuis la banquette arrière de la R12, j'ai hâte de voir l'avancée des travaux au fur et à mesure qu'on se rapproche de la maison. La croix de Provence, le col de Sambuc… C'est maintenant le pic des Mouches sur ma droite. Je rêve d'atteindre tous ces sommets, mais je retombe vite sur terre quand maman coupe le moteur à l'entrée du terrain. Entre les boutures de cyprès que mon père a plantées à la fin de l'hiver, ce ne sont pas les murs d'une maison que j'aperçois, mais un mobil-home des années 1960. Un mobil-home d'occasion que mémé Cammas a acheté pour sortir son fils et ses petits-enfants d'une situation indébrouillable.

— C'est ça ou la porte !

D'une voix calme et posée, papa a mis fin aux vociférations de maman. C'est bien la première fois qu'il réplique avec autant d'aplomb. Une réplique qui fait mouche.

— C'est ça.

Ma mère consent finalement à vivre dans un mobil-home le temps de la construction. Un temps qui ne finira jamais. J'ai vécu jusqu'à ma majorité dans ce mobil-home. Depuis mes onze ans.

Un vieux mobil-home aux peintures défraîchies. Blanc crème avec, en plein milieu à la hauteur des fenêtres, une bande gris-bleu. Il mesure onze mètres sur quatre, et l'accès se fait par une porte sur le côté. On entre par le salon avec sur la droite un couloir qui mène à une chambre double et, de part et d'autre de ce couloir, la cuisine, le coin repas, la salle de bain, les toilettes et une cabine avec deux bannettes superposées d'à peine quatre-vingt centimètres de large.

C'est cette cabine que je partage avec ma sœur. Elle en bas. Moi en haut. Une armoire colonne pour deux et une tablette chacun en guise de table de nuit. C'est notre chambre. Un confort précaire qu'Agnès aura de plus en plus de mal à accepter. Moi, ça me rappellera bientôt mes premières nuits en mer.

Il fait froid l'hiver, au nord du massif de la Sainte-Victoire. Très froid même certains jours. On a connu jusqu'à moins dix-sept degrés et de la glace à l'intérieur des carreaux. Tout cela parce que mes parents, de peur qu'un court-circuit enflamme le mobil-home, coupent systématiquement les radiateurs en partant au boulot. Et ce ne sont pas les volets en bois que mon père visse sur les fenêtres dès les premiers frimas qui changent quelque chose.

Le soir, de retour de l'école, c'est folklo. Le temps que les radiateurs électriques réchauffent l'atmosphère, et ça prend parfois des heures, ma mère enfile une fourrure de loup pour corriger ses copies sur la table de la cuisine. Mon père garde sa doudoune pour retoucher ses dessins dans le salon. Agnès met deux pulls pour réciter ses leçons sur sa couchette, et moi, je garde mon vieux blouson polyester pour finir mes devoirs sur un tabouret. Dans l'étroit mobil-home, les parents ont la priorité pour travailler sur les deux seules vraies tables. Agnès et moi, on s'adapte.

L'été, bien sûr, c'est beaucoup plus agréable.

Mais la vie dans un mobil-home décati, sans télé, sans eau courante et avec les douches hebdomadaires à la piscine, difficile d'en parler à l'école quand tu es gamin. Les gens savent bien qu'on habite là ; tout se sait dans les petits villages. Moi, pour tout dire, j'ai un peu honte. Terriblement honte même.

De toute mon enfance, je n'ai pas invité un seul copain à la « maison ». Jamais.

Je n'invite personne et je ne parle pas non plus du petit-déjeuner quotidien. Du fromage blanc dans une grande assiette avec des raisins secs, des amandes, des noisettes, des noix et des flocons d'avoine. Le tout accompagné de miel et de pain complet et d'un jus de carotte mélangé à du jus de pomme.

C'est mon petit-déjeuner. Un petit-déjeuner bio, très complet, avalé en deux minutes avant de partir au collège à Aix-en-Provence. Un petit-déjeuner où le beurre, le chocolat et le café sont proscrits. C'est le régime « Cammas » sous l'affluence de grands prédicateurs alimentaires.

Un régime qui accepte les confitures maison et les œufs qu'on va chercher tous les soirs au poulailler. Même les œufs de nos canards, on les mange. Pas de conserves, pas de surgelés. On est en 1984, et je suis bien le seul élève de ma classe à manger bio.

Je suis également interdit de cantine. Ce n'est pas une sanction de l'administration, mais un choix délibéré de mes parents qui considèrent que les menus servis au collège sont mauvais pour la santé.

Alors, tous les midis, c'est le même bal : un pique-nique en famille dans un parc de la ville ou à quatre dans la R12, en cas de mauvais temps.

Un pique-nique bien évidemment végétarien, à l'exception des œufs recommandés pour leurs protéines. Ce repas du midi, c'est ma mère qui le prépare la veille au soir : blé, riz, lentilles, crudités, salade verte et poisson. La viande rouge et le jambon sont bannis de nos assiettes.

Ces pique-niques sont interminables !

Si bien qu'à peine après avoir dégluti mon dernier quartier de pomme, j'avale les marches du collège quatre à quatre et dévale les couloirs à fond en bousculant au passage plusieurs élèves déjà alignés près de leur salle de cours. « Désolé ! » « Encore désolé ! » « Pardon ! »

Je tente bien de m'excuser, mais, parce que c'est presque quotidien, ça ne marche plus. Les regards sont accusateurs. Les autres sont prêts à en découdre, et j'en soupçonne même certains de se mettre volontairement en travers de ma route pour freiner ma course.

Et si je trace dès que la cloche sonne, c'est qu'au collège Mignet, le collège le plus en vue de la ville, on ne rigole pas avec les retardataires. Heureusement, les profs connaissent les repas un peu spéciaux de la famille Cammas et sont assez indulgents avec nous, surtout quand il y a de la viande au menu de la cantine.

Et ce midi, justement, c'était hamburger frites. Tout ce que mes parents détestent au nom de l'hygiène alimentaire. Alors, passe encore pour cette fois. Pas besoin d'aller chercher un billet dans le bureau du surveillant général.

Dans ma classe, tous savent que j'habite à plus de quinze kilomètres et tous se posent des questions sur mon absence du réfectoire. « Tu étais où, ce midi ? » « Pourquoi tu ne manges pas avec nous comme les autres gars de Vauvenargues ? »

Difficile de répondre, mais les mauvaises langues ont déjà parlé. Elles racontent que, chez les Cammas, on ne vit pas tout à fait comme tout le monde. « La preuve, ils dorment dans un mobil-home. »

Cela me gêne énormément.

Quand tu es jeune, tu n'aimes pas être à part des autres, tu n'aimes pas être montré du doigt. Alors, je parle encore moins des gamelles du pique-nique tous les midis.

Je ne dis pas non plus que de temps en temps je tamise de la farine à la sortie d'un petit moulin à grains où l'on met le blé. Chacun son tamis, ma sœur Agnès et moi ! Un moyen et un plus fin pour arriver à de la farine semi-complète. Farine avec laquelle notre père fait du pain avec du levain naturel, fait maison. Un pain qui dure cinq à six jours.

Je ne dis pas non plus qu'à sept ans, à genoux sur la table de cuisine, une grande serviette autour du cou, j'ai roulé ma première boule de pain. Et que je fabrique toujours du pain complet.

Je ne dis pas non plus que j'accompagne régulièrement mon père dans une ferme à la sortie d'Aix-en-Provence pour remplir un vieux bidon à lait en acier. Cinquante litres de lait pour faire notre propre fromage. Un fromage blanc maison au lait de vache, dont ma mère, la plus sensible aux questions d'hygiène alimentaire, diminuera la consommation à l'apparition de mes premiers boutons d'acné.

C'est un congrès sur l'alimentation et la santé naturelle, près de Marseille, avec André Passebecq, un célèbre naturothérapeute, qui a converti ma mère. Je n'étais pas encore né.

Un an plus tard, elle y retourne, suit plusieurs stages et assimile les principes de l'Institut européen de santé naturelle. Une santé sans vaccin, sans médicament, sans drogue et sans chirurgie, où seul le jeûne est recommandé en cas de problème. Elle achète des livres sur le sujet, adhère à Vie et Action, une association dirigée par André Passebecq, et décrète, avec mon père déjà bio dans l'âme, que toute la famille va changer sa façon de vivre. Nous sommes presque à la fin de l'hiver 1973.

Je suis né deux mois plus tôt, le 22 décembre 1972, à Aix-en-Provence. Un bébé d'à peine trois kilogrammes sur la balance. Un bébé pas bien gros et qui pelait de partout comme un serpent qui fait sa mue.

Selon ma mère, si je perdais ma peau, c'est parce que je suis né avec quinze jours de retard. Quinze jours, rien que ça ! Comme elle n'avait ressenti aucune douleur, elle ne s'était pas inquiétée et pensait tout simplement que les médecins de la clinique s'étaient trompés sur la date de conception. À sa manière, ma mère appliquait déjà les cours de psychosomatique naturelle d'André Passebecq.

Autre conséquence de cette « révolution intellectuelle », je n'ai reçu qu'un seul vaccin de toute ma vie d'enfant. Le vaccin antitétanique à l'âge de trois mois.

Pourtant, l'ampoule était restée très longtemps en dehors du frigo. Un oubli que ma mère s'était empressée d'indiquer au pédiatre, espérant ainsi secrètement qu'il annulerait la piqûre, ce qui n'a pas marché. J'ai donc bien eu cette première injection, mais ce fut la dernière. Les BCG, anti-poliomyélite, anti-diphtérie et rappels contre le tétanos qui figurent sur mon carnet de vaccination étaient des faux. Des faux signés par ma mère.

En cas de fièvre, les parents n'appellent jamais le médecin et ne vont pas à la pharmacie. C'est de l'eau, un peu de chlorure de magnésium avec un jus de citron, une assiette vide et du repos.

Une prescription difficile à supporter. Il m'est arrivé de dérailler sous l'emprise de la fièvre, mais je n'ai pas souvent été malade : ni scarlatine, ni rougeole, ni varicelle. Peut-être aussi grâce aux remèdes de maman. Des remèdes qui ne m'empêchaient pas de moucher, tousser et pleurer chaque printemps. Une allergie aux pollens des cyprès, si nombreux dans la région.

En cet été 1985, je n'en peux plus. Cela fait plus de dix heures que j'ai le nez qui coule. Depuis que nous avons pris le train en gare d'Aix-en-Provence. J'ai demandé à Agnès où on allait, mais elle n'en sait rien. Comme moi. Elle a juste entendu les parents parler d'un séjour d'une semaine près de Paris. Une destination très inhabituelle, et je m'en inquiète. Quelle est donc la dernière trouvaille des parents ?

J'ai réussi à dormir un peu ce matin, au début du voyage, mais là, je ne tiens plus en place dans cette vieille voiture en fin de service. Une voiture non-fumeurs qui pue la clope. J'ai préféré tout à l'heure quand on est descendus à la gare de Lyon pour rejoindre la gare de l'Est par le métro. Je me suis bien dégourdi les jambes à courir dans les allées et descendre les escaliers à toute vitesse.

La seule chose que je trouve bizarre ici, ce sont les gens. Ils ont l'air triste ! Et je les comprends ! Rien ne vaut le grand air et les grands espaces. Je commence déjà à regretter le mobil-home de Vauvenargues.

Agnès s'est endormie contre l'épaule de papa. Moi, je n'y arrive plus dans cette voiture où trois fumeurs se sont installés depuis le dernier arrêt.

Trois fumeurs qui ont allumé une cigarette en dépit des interdictions. J'ai beau tousser, personne ne bronche ; même mes parents ne pipent mot. Je finis par me pincer le nez tellement c'est insupportable.

Mais qu'est-ce qu'on fait là ? La micheline vient de s'arrêter en gare de Longueville, et le mystère s'épaissit encore.

Une voiture avec chauffeur nous attend juste à la sortie.

— C'est loin, le château ? demande ma mère.

— Nous y serons dans cinq minutes, répond un vieil homme, l'air chic et rasé de près.

Pas du tout le genre de personne que mes parents fréquentent habituellement. Ma sœur et moi, on comprend de moins en moins.

La route s'est soudainement rétrécie. D'un côté, trois petites maisons, de l'autre, des champs de maïs, et au loin une immense forêt. Ce n'est plus du goudron, mais un chemin cabossé recouvert de gravillons avant d'arriver sur les pavés. Une allée de pavés qui secoue la voiture comme un prunier.

À travers le pare-brise, j'aperçois au loin un porche en tuffeau et d'immenses façades de pierres blondes. Sur la gauche de la voiture, c'est une inscription en fer forgé, peinte en noir et collée sur un grand cube de pierre : CHÂTEAU DE MONTRAMÉ. J'écarquille les yeux, mais je ne suis pas au bout de mes surprises.

— On vous attend dans une demi-heure pour le dîner.

L'invitation a été lancée, d'une voix forte, à l'entrée du couloir pour tous les pensionnaires qui partagent le même étage que nous. Pour eux aussi, apparemment, c'est leur premier jour de vacances… En fait, pas vraiment des vacances ; ça m'étonnait aussi ! Je commence à connaître mes parents !

Il s'agit tout bonnement d'un stage d'une semaine.

Un stage de quoi ? Avec qui ? Pourquoi ?

Je vais bientôt l'apprendre.

Un homme d'une cinquantaine d'années, aux cheveux longs blonds et à la barbe bien fournie, vient de nous bander les yeux, à Agnès et moi. Un tissu noir au travers duquel on ne voit absolument rien.

Même sous l'œil de mes parents, je ne suis pas vraiment rassuré, mais je suis le mouvement. Je suis cet inconnu qui me tient par la main. Il nous emmène jusqu'à une grande table, où il me demande de sentir tous les plats qui la recouvrent. Si une odeur me plaît, je peux manger ce qu'il y a dedans. Sinon, je laisse et je passe au plat suivant.

Sur cette table, il y a des fruits, des légumes, des œufs, de la viande, des huîtres et du poisson, mais rien n'est cuit. Rien n'est préparé. L'homme qui m'a bandé les yeux et qui me tient toujours la main, c'est Guy-Claude Burger. Le chantre de l'instinctothérapie, l'homme qui prône le « manger cru » pour être en bonne santé.

J'ai tellement faim que je me précipite vers les fruits, à l'odeur. Mais trois bananes et deux brugnons plus tard, c'est bon, je n'ai plus envie de jouer ! Je le fais savoir d'un regard glacial vers mes parents qui sont à l'autre bout de la pièce. Ce stage, c'est la dernière trouvaille de ma mère avec la bénédiction de mon père. Elle est tombée sur un article consacré à Guy-Claude Burger : « Nous sommes tous cuits. »

Cet article, elle l'a avalé, tout cru. Le seul truc qui la chiffonnait, c'étaient les quantités. À combien de pommes ou de jaunes d'œufs il fallait se limiter par repas ? Alors, elle a téléphoné au pape des crudivores, qui a répondu à ses questions en lui signalant au passage qu'il organisait des stages d'instinctothérapie dans son propre centre à Soisy-Bouy, dans le département de la Seine-et-Marne.

Ma mère n'a pas su résister, et mon père, qui avait déjà goûté à l'instinctothérapie dans une autre vie, a signé le chèque. Un gros chèque dont je n'ai jamais connu le montant exact. Voilà comment nous nous retrouvons tous les quatre au château de Montramé, à une heure de Paris.

Ce n'est pas le prix exorbitant du stage qui me donne la nausée au troisième matin, mais c'est de voir devant moi un grand gaillard de vingt-cinq ans, tout maigre, plus maigre que moi. Il est en train d'avaler un morceau de bœuf tout cru, sans poivre, sans sel, sans rien. Que de la chair fraîche. Dans cette ambiance surréaliste, c'est aussi le triste défilé des malades. Des personnes atteintes du cancer ou de leucémie qui se gavent d'œufs crus sur les conseils du maître de stage. J'ai beau n'avoir que douze ans, je doute des bienfaits de cette pratique alimentaire. Quelque chose ne colle pas.

Il l'a bien vu, le barbu aux cheveux longs. Il l'a bien vu que je tique sur ses menus du jour, sur sa théorie de l'instinct. Alors, il décide de me prendre sous son aile pour m'expliquer les choses, me rassurer et me parler musique. Il me parle du conservatoire d'Aix-en-Provence, où j'apprends le piano et le violon.

Il me parle du conservatoire de Lausanne, où il a été violoncelliste. Je l'écoute comme un élève écoute son professeur. Mais, plus les jours avancent, plus je préfère jouer dans les champs de maïs avec Agnès.

Arrêté en 1987 pour exercice illégal de la médecine à la sortie d'une émission de Christophe Dechavanne, *Ciel, mon mardi !*, Guy-Claude Burger a été épinglé par la commission parlementaire sur les sectes en 1995 !

Je ne le sentais vraiment pas, ce stage.

De retour à Vauvenargues, je me précipite, mort de faim, vers le garde-manger pour dévorer un pot de miel à pleine cuillère. Du miel fait maison, car, dans la famille Cammas, si on demande le père, on obtient non seulement un spécialiste des métaux et un maçon qui monte les murs de sa maison, mais aussi un apiculteur.

Un savoir-faire qu'il tient de mon grand-père maternel, Ernest Occelli, ancien boulanger devenu apiculteur au moment de la retraite et qui vend des tonnes de miel sur les marchés et dans les grandes surfaces de la région.

Amoureux de la nature et tenté par l'expérience, mon père a donc hérité de vingt-quatre ruches en 1977, puis de vingt-quatre autres deux ans plus tard, avant de se lancer dans l'élevage et terminer avec cent colonies d'abeilles à son départ pour la Nouvelle-Calédonie en 1992.

L'hiver, les ruches sont installées sur le terrain à Vauvenargues. Au début de l'été, fin juin, début juillet, c'est la grande transhumance vers le plateau de Valensole, dans des champs couverts de lavande.

Derrière le siège d'un TUB Citroën d'occasion, repeint en bleu avec les fonds de pot de la 2CV, mon père a installé un énorme panneau de contreplaqué pour séparer le coffre de la partie conducteur. Il peut charger ainsi jusqu'à soixante ruches par voyage sans courir le risque d'être piqué.

Cette transhumance a lieu la nuit. Une fois que les abeilles sont rentrées au bercail, en fin de journée, mon père met les ruches dans la camionnette pour les déposer soixante-dix kilomètres plus loin avant qu'elles ne se réveillent au lever du jour. Chaque transhumance est une nuit blanche. Des nuits blanches pour un miel de folie.

Un miel très clair au parfum subtil de lavande fine et de sauge qui fait le bonheur des collègues profs et nous vaut, à ma sœur et moi, des journées bien remplies et pas mal de désagréments, à commencer par les piqûres d'abeilles quand il faut récupérer les cadres remplis de miel dans les ruches. Fidèle à sa mention « Nature et progrès », mon père enfume au minimum les ruches avant d'en extraire les cadres. Le piège, c'est qu'une abeille, pas ou très peu endormie, supporte mal d'être chassée à coups de balai. Même quand c'est un petit balai, d'où les piqûres… en série. Si bien que je suis devenu allergique. Je ne m'en suis rendu compte que quelques années plus tard, lors d'un footing matinal dans la campagne bretonne et une piqûre de guêpe. Recouvert de boutons qui enflaient au fil des heures, j'ai fini à l'hôpital. Une nuit en observation, mais rien de grave, docteur.

Agnès et moi, on se coltine aussi l'extraction du miel au début de l'hiver dans la pièce du fond de la maison qui est toujours en construction. Il faut d'abord enlever avec un couteau ou une petite truelle l'opercule, une fine couche de miel, que les abeilles déposent sur les alvéoles pour les protéger. On place ensuite les cadres dans une centrifugeuse que l'on tourne à la main avant de récupérer le miel dans des bacs.

On tire aussi les pots de miel. C'est notre corvée, à tous les deux. On nettoie les pots, on les remplit d'un kilo de miel, un kilo pile, et on colle les étiquettes. Deux cents à trois cents pots chaque année. À la fin de la journée, on ne sent plus nos bras. Heureusement que le miel est bon.

Si bon que c'est la première chose à laquelle j'ai pensé à mon retour de Montramé.

Et, comme la journée n'est pas encore terminée, papa a vidé le coffre de la R12 et rabattu les sièges à l'arrière pour faire les courses. Pas au supermarché du coin, mais dans une coopérative bio à Aix-en-Provence, l'une des premières qui aient existé en France. Un magasin assez spécial, approvisionné directement par des petits agriculteurs et des petits céréaliers triés sur le volet et où l'on se sert dans de grands sacs.

Des sacs de lentilles ou de farine si lourds que j'avais bien du mal à les porter au début, à notre arrivée à Vauvenargues. J'avais alors sept ans. Désormais, je porte des sacs de plus en plus gros.

Mes parents font leur pain, le fromage blanc, le miel, les confitures. Ils remplissent le garde-manger avec les produits bio d'une coopérative et préconisent une alimentation saine. Ils ont vingt ans d'avance.

Les études scientifiques qui dénoncent les dangers de certains additifs alimentaires semblent le démontrer aujourd'hui, mais vingt ans d'avance sur la bouffe, ça complique sérieusement les relations sociales.

Pour les dîners entre collègues et les grillades chez les copains, c'est toujours le même casse-tête. Mes parents ne peuvent pas refuser toutes les invitations et, toute la difficulté, c'est de faire passer le message sans vexer personne. Demander si on peut changer le menu pour les enfants ou proposer d'emporter un plat pour les petits. Avec Agnès, il m'est aussi arrivé de refuser de manger « parce qu'on n'avait pas faim » ou bien de jouer les enfants difficiles.

Dans ces cas-là, tu te sens vraiment un gosse à part. Les adultes te regardent bizarrement, et les gars de ton âge te tournent parfois le dos... Mais ça forge le caractère.

Ce qui forge le caractère, c'est aussi la randonnée. Et ma première vraie randonnée, je l'ai faite à... quatre ans. J'étais fier avec mon petit sac à dos bleu aux parements orange, surmonté d'un tapis de sol. Dans les poches intérieures de mon sac à dos, j'avais aussi une demi-bouteille d'eau, des dattes, des noisettes et des fruits secs, de quoi être autonome si je perdais la colonne. Une colonne de huit personnes. Mon père, ma mère, ma sœur, un couple de profs qui travaillaient dans le même lycée que mon père, leurs deux enfants... et moi, devant. Le premier de cordée, le plus petit de la bande, forcément.

C'était le plan de l'été 1977, le tour du Mont-Blanc. Une randonnée d'environ cent soixante-dix kilomètres. Franchement, je ne m'en souviens pas, mais on m'a raconté.

On m'a raconté que, le premier jour, j'ai beaucoup marché, trop marché. Plus de huit kilomètres. Après ma première nuit sous la tente, je n'en pouvais plus et, le lendemain, j'ai refusé de faire un pas de plus. Mon père m'a alors donné des petits coups de bâton pour me faire avancer avant de me porter sur ses épaules devant mon manque de coopération. Costaud, le papa, déjà chargé comme un bourricot avec ses trente kilos de matériel sur le dos. Est-ce parce que j'ai eu pitié de mon pauvre père complètement fourbu le deuxième soir ? Toujours est-il que j'ai recommencé à marcher le lendemain, alors que les deux gosses qui nous accompagnaient n'arrêtaient pas de chialer.

J'avais trouvé mon rythme. Un jour sur deux, je trottais sans problème à l'ombre d'immenses sapins et, le lendemain, cuit de chez cuit, je retrouvais les épaules du paternel le long des côtes sans fin, sur des chemins remplis de cailloux. Un jour sur deux, on trouvait de la place dans un refuge, mais je préférais, paraît-il, dormir sous la tente.

Cette année-là, il y avait encore beaucoup de neige, et on devait mettre nos pas dans ceux qui précédaient. Sans être attachés, ce qui était encore plus dangereux. C'est mon père qui ouvrait la voie, devant Agnès et moi. J'ai donc mis mes pas dans ceux de ma sœur, qui se rappelle surtout avoir vécu des vacances de galère.

Une galère qui a pris fin plus tôt que prévu. Fatigué par les jérémiades des deux autres gamins qui n'arrêtaient pas de se doper au lait concentré et mouraient de soif à longueur de journée (l'un ne va pas sans l'autre), le paternel a craqué. Au bout de huit jours, il a dit stop et a pris le tunnel de Courmayeur pour rentrer à la maison. À Meyrargues.

La randonnée, c'est le premier passe-temps de la famille. Tous les week-ends, on marche. À Meyrargues, on quittait notre HLM pour de grandes balades à pied à travers la forêt de Peyrolles-en-Provence. On va presque jusqu'à Vauvenargues, qui se trouve à une vingtaine de kilomètres. On part le matin pour revenir le soir. Et j'y prends goût. Le goût pour la nature et pour l'effort.

À Vauvenargues, c'est sur l'ancien chemin de la Cine que j'use les talons de mes chaussures de sport à partir de l'automne 1979. La Cine est une ferme au-dessus de la Citadelle, une petite montagne à côté du terrain. On y accède par un ancien chemin de grande transhumance que les bergers de la plaine d'Arles empruntaient jadis pour gagner les alpages. Le dimanche, on fait souvent le tour de la Citadelle, en famille, pour revenir par le col des Portes. Une marche soutenue d'une bonne dizaine de kilomètres, de quoi gonfler les mollets d'un môme de sept ans.

C'est aussi un footing, presque un samedi sur deux, entre le terrain de la future maison et le col des Portes. Six kilomètres aller-retour. Aller en montant. Retour en descendant.

Chaque fois, j'accélère la cadence dans les derniers mètres du col pour le passer en tête devant ma sœur. Avec la complicité de mon père, je finis toujours en vainqueur, les bras au ciel. À huit ans, je cours déjà pour gagner. Dans le col des Portes et dans ma tête.

— Trop vite, Franck ! Tu vas beaucoup trop vite. Mozart, ça se respecte !

Ma mère est dans tous ses états. C'est pourtant ce que j'ai trouvé de mieux pour réchauffer mes petits doigts engourdis par le froid et la fatigue. Le froid de l'hiver congelant les touches du piano familial qui nous suit au fil des déménagements et vient de trouver sa place entre les quatre murs de parpaings du futur salon de la maison.

Il fait à peine cinq degrés dehors, et le petit radiateur qu'a installé ma mère ne fait pas l'appoint.

Qu'importe. La consigne, c'est une heure de piano tous les soirs, après l'école, la piscine et les devoirs sur le tabouret de la cuisine. Parce qu'il faut préparer l'examen pour entrer au conservatoire d'Aix-en-Provence. C'est l'objectif que ma mère a fixé.

Un soir pourtant, je craque. N'en pouvant plus des travaux forcés, je refuse de quitter le mobil-home.

— Il faut que tu apprennes ; tu joues bien, un peu vite, mais bien. On ne sait jamais : plus tard, tu peux devenir un grand pianiste.

À court d'arguments, ma mère a fini par céder. Ce ne sera plus une heure de piano tous les soirs, mais une demi-heure. Ma première grande victoire diplomatique.

La deuxième survient deux ans plus tard quand je fuis le cours de danse de salon : tango, valse, cha-cha-cha, rumba et rock'n'roll…

Encore une idée de ma mère. Considérant que la plaisanterie avait assez duré, un soir, j'ai pris la tangente. Je ne suis pas entré dans la salle, je suis parti en ville sous les yeux de ma sœur. J'avais onze ans, les parents se sont fait un sang d'encre, et j'ai arrêté la danse.

Ma sœur aussi. L'effet domino.

J'ai commencé le piano à cinq ans. Quelques morceaux pour impressionner l'auditoire lors des fêtes de famille avant de passer aux choses sérieuses vers l'âge de dix ans et rejoindre le conservatoire d'Aix-en-Provence à mon entrée au collège Mignet, rue Cardinale, à Aix-en-Provence.

Car les répétitions dans le froid ont fini par payer. J'ai réussi l'examen d'entrée au conservatoire. Plus par ma technique que mon sens du rythme. Si j'en crois ma mère, j'ai sauvé l'essentiel : j'intègre une classe spéciale avec des horaires aménagés et du temps libre l'après-midi. Du temps libre que l'on doit, en théorie, consacrer à la musique.

Tout le problème, c'est que je ne joue pas du piano véritablement par passion. Va pour l'apprentissage quand j'étais gamin, mais je n'ai pas demandé à aller aussi loin. Surtout que s'ajoute le violon sur les conseils d'un professeur de musique, qui trouve que je n'ai pas les mains assez larges pour devenir un pianiste de talent.

— Franck sera plus à l'aise avec un archet !

Aussitôt dit, aussitôt acheté. Avec mon violon et mes cheveux mi-longs, je ressemble au poulbot de Montmartre et je fais un tabac, en famille, même quand les cordes grincent sous mon archet.

Certes, j'obtiens des prix au conservatoire... Des deuxièmes prix de piano. Mais, plus les années passent, plus je tire la patte pour faire mes gammes. Je préfère courir en vainqueur dans les lacets du col des Portes ou battre un chrono sur 100 mètres. En effet, après deux ans d'interruption, j'ai aussi repris la natation sur les conseils d'un nouvel entraîneur. Si le précédent disait que je ne faisais pas la taille pour espérer de bons résultats, alors que j'étais l'un des meilleurs du groupe des dix ans, le nouveau parie sur moi, et cela change tout.

J'ai donc ressorti mes petits carnets, où je note tous mes chronos depuis l'âge de huit ans. Tous les soirs après le conservatoire, je nage une heure et demie, et mes parents me récupèrent à la sortie à dix-neuf heures trente

Nous ne sommes pas de retour au mobil-home avant vingt heures. Le dîner, la demi-heure de piano et les devoirs. Les journées sont bien remplies et, tous les soirs, je tombe de fatigue... En rêvant à de nouveaux records personnels sur 50 ou 100 mètres. Mon goût du sport et de la compétition est de plus en plus prononcé.

Je vois bien que mes parents nous cachent quelque chose depuis deux jours, depuis que le TUB Citroën réservé habituellement au transport des abeilles à cette époque de l'année a disparu mercredi après-midi. Soi-disant pour aller chercher des agglos pour la maison. Mais les agglos, ce n'est pas ce qui manque sur le terrain en ce début d'été 1983. Je m'interroge. Ma sœur aussi. Elle a vu le camion revenir en début de soirée et se cacher derrière un pan de mur. Mystère et boule de gomme.

— Agnès ! Franck !

La voix qui nous appelle provient de l'arrière de la maison, mais on connaît le coup. Il y a toujours une planche à déplacer, un seau à remplir d'eau ou les poules à nourrir. C'est notre lot quotidien depuis que l'on est tout petits. Et puis le coup du camion, hier, ne nous dit rien de bon. Comme il faut sans doute aider nos parents à décharger le coffre, on ne se presse pas... À ce jeu-là, je préfère arriver deuxième.

Quels idiots ! Papa et maman nous attendent à l'autre bout du terrain avec deux vélos. Des vélos tout neufs. Des demi-courses de marque Mercier. Un bleu pour Agnès. Un rouge pour moi. Pour une surprise, c'est une surprise ! Surtout qu'on ne croule pas sous les cadeaux, d'habitude. Même à Noël, sous le sapin. Malheureusement pour ma sœur, son beau vélo bleu va tourner rapidement au cadeau empoisonné. Par ma faute.

J'aime aller loin et le plus vite possible. Mais les parents ne veulent pas que je parte seul sur les routes ; alors, ils exigent d'Agnès qu'elle m'accompagne. Va pour descendre trois kilomètres jusqu'à Vauvenargues. Va pour revenir au mobil-home, même si elle doit mettre pied à terre dans le dernier virage en épingle. Mais j'ai d'autres horizons. Beaucoup plus douloureux pour elle.

Sur une carte Michelin, je trace au stylo-feutre l'itinéraire de ma prochaine étape : Vauvenargues- Meyreuil pour aller voir mémé Cammas de l'autre côté du massif de la Sainte-Victoire. Quarante-six kilomètres pour le trajet le plus court. Près de soixante-dix par les petites routes du Tour de France. Le col des Portes à l'aller et en passant par Aix-en-Provence au retour. C'est long, mais ça ne me fait absolument pas peur contrairement à ma sœur qui n'a rien demandé. Surtout pas de se taper soixante-dix bornes sur un vélo. Ma mère lui en a pourtant donné l'ordre. Ce qui est terriblement injuste.

Les quinze derniers kilomètres depuis la sortie d'Aix sont, pour elle, un véritable supplice. Elle pleure à chaque coup de pédale, et mes encouragements n'y changent rien. Ni ma façon de rouler, devant elle, légèrement sur le côté pour la protéger du vent. Or, moi aussi, j'en bave sur cette route ! Et, à l'attaque de l'ultime col, le col de Claps, j'ai les cuisses en feu, comme disent les coureurs. Je l'ai choisi ; alors, je serre les dents et souffre en silence. À onze ans, je découvre ainsi une sensation nouvelle : aller au bout de soi-même.

Trois années ont passé. Je suis au lycée Vauvenargues, où mon père est prof. Et, ce samedi midi, j'ai rendez-vous avec ma mère et ma sœur devant l'ancienne École normale pour faire les magasins et acheter un pantalon.

Pour les rejoindre, j'ai pris mon vieux vélo à la sortie du lycée, je descends tranquillement le boulevard Carnot, puis le cours Saint-Louis jusqu'à la place Bellegarde, où j'arrive avec dix bonnes minutes d'avance. Je ne me vois pas attendre sans rien faire, et le raidillon de la rue Isaac sur ma droite me tente bien. Pas bien méchante, la montée ! Rien à voir avec mes ascensions à travers le massif de la

Sainte-Victoire. Pour me rattraper, je vais profiter de la descente, c'est la plus raide de la ville. Les mains en bas du guidon et le dos bien arrondi, je prends tout de suite beaucoup de vitesse, et le rond-point en bas se rapproche à vue d'œil. Heureusement, j'ai de bons freins…

Mais, soudain, un énorme craquement. C'est affreux, ma roue avant se dérobe. Pas le temps de comprendre, encore moins de réagir, je plonge la tête la première vers le bitume… Sous la violence du choc, c'est le trou noir. Je tombe dans le coma. Les pompiers…, l'ambulance.

Je reprends connaissance une heure et demie plus tard à l'hôpital. Sous perfusion, une aiguille plantée dans le bras et des compresses qui me recouvrent entièrement le nez et le bas du visage. Je ne sens plus mes lèvres. Ma bouche a triplé de volume, et ma mère, qui est à mes côtés depuis le coup de téléphone des pompiers, ne me lâche plus les mains. À voir sa mine défaite, c'est grave.

Dans l'accident, je me suis cassé quatre dents. Quatre incisives qui étaient dans un tel état que les médecins ont dû les extraire. J'ai aussi les lèvres déformées. L'horreur. Je comprends mieux pourquoi les infirmières ne voulaient pas me tendre un miroir hier lors des premiers soins.

J'ai mal. Il paraît aussi que je dis n'importe quoi ! Des moments de délire qui disparaissent au contact d'une serviette humide sur le haut du crâne, seule partie de ma tête totalement indemne. De toute façon, il n'y a pas d'autres solutions puisque tous les médicaments finissent dans les toilettes, sur ordre de ma mère. Elle ne veut pas que j'ingurgite les cachets prescrits par les médecins de l'hôpital, surtout pas les antibiotiques. Alors, j'obéis. Quand elle est là, elle tire elle-même la chasse d'eau.

Ma mère me demande aussi de ne pas accepter les plateaux-repas, enfin les soupes et les jus de toutes sortes que l'on donne, vu que je peux à peine ouvrir la bouche. J'ai mal, je suis à plat !

Pour mes parents qui sont allés récupérer le vélo accidenté au fond de la cour de la caserne des pompiers, quelqu'un a dévissé la roue avant. Volontairement. Pour me faire mal. Mais je n'y crois pas. Pour moi, c'est un accident. Seulement un accident.

Au bout de trois jours, ma mère, ne supportant plus de me voir alité dans cet hôpital, a signé une décharge pour me faire sortir. Je vais donc poursuivre ma convalescence dans son nouvel appartement, à Aix-en-Provence. Un appartement qu'elle vient de louer, rien que pour elle. Parce qu'elle n'en peut plus du mobil-home et des travaux qui n'avancent pas. Il y a aussi de l'eau dans le gaz avec mon père.

Quand j'entends la sonnette, je file directement aux toilettes. Il est hors de question que quelqu'un me voit dans l'état où je suis, édenté et la bouche de travers. Même quand c'est un copain qui m'apporte les devoirs à la maison.

Je suis de retour au lycée trois semaines après. Mes lèvres ont cicatrisé, les points de suture ont disparu au niveau des gencives, et je porte un appareil en attendant les implants. Les plaies physiques se sont refermées ; pas la souffrance morale d'un ado au visage esquinté.

De retour dans le mobil-home, la parenthèse aixoise terminée, j'ai repris mon vélo pour rejoindre la Jouques par le vallon des Masques et me vider la tête.

Trois heures qu'on roule sous une terrible chaleur et on n'est pas rendus au bout de nos peines, ma sœur et moi, serrés comme des sardines au milieu des valises à l'arrière de la 2CV. Le plus dur commence à la sortie de Tallard, près de Gap, avec des petites routes de montagne sur plus de quarante kilomètres.

Quarante kilomètres pour rejoindre une ferme quelque part dans les Alpes de Haute-Provence et remplir de gros bidons de lait, des sacs de noix et le coffre de la voiture avec tout ce que l'on peut trouver de comestible sur place. Rien que du bio. Bien entendu.

C'est l'étape incontournable, chaque été, sur la route des vacances en Italie. Une nuit à la ferme. Départ le lendemain, à la première heure pour une arrivée le soir à Frazione-Villaretto, un petit village d'une trentaine de maisons, à 980 mètres d'altitude sous la vallée de Sestrières et à l'entrée de la vallée de Pinérolo qui conduit à Turin.

Ma grand-mère maternelle est née dans ce village de montagne, où ma mère aime à retrouver ses racines. Ses tantes y vivent encore, leurs enfants aussi, et nous passons la plupart des vacances scolaires dans la maison de sa grand-mère, dont elle a hérité.

Question confort, nous ne sommes pas dépaysés. Je dors dans le même lit que ma sœur à l'étage. Ce sont des toilettes sèches et, l'hiver, on se réchauffe autour d'un poêle à bois au milieu d'une grande pièce au rez-de-chaussée. Un poêle à bois qui sert aussi de cuisinière. Le seul objet de luxe que l'on possède dans cette maison, c'est encore un piano. Il y a toujours un piano là où vit ma mère.

— Les enfants, vous avez bien caché les chats ?

— Oui, ils sont dans leurs paniers sous la couverture.

Une couverture qu'on retient sous nos pieds pour ne pas qu'elle glisse au prochain coup de frein, quand mon père va devoir s'arrêter sur l'ordre d'un douanier, car ça ne loupe jamais. Sa dégaine, sa moustache et surtout sa 2CV de douzième main ont le don d'éveiller les soupçons.

— Vos papiers, s'il vous plaît !

Qu'est-ce que je disais ?

Derrière, on n'en mène pas large, ma frangine et moi.

Nos deux chats, Pillou et Safran, qui sont de très gentils chats de gouttière, n'ont pas de carte de vaccination. Et c'est bien là le problème. Notre hantise, c'est qu'ils se mettent à miauler à la douane. Heureusement, ce n'est jamais arrivé.

Dans la série « passage de frontière difficile », il a fallu aussi un jour que je me cache avec ma sœur sous une couverture à l'arrière de la voiture, parce que mes parents avaient oublié nos papiers. Cette fois, excepté les chats, tout le monde est en règle et, le bras droit tendu vers l'avant, le douanier fait signe à mon père de continuer sa route.

Il ne reste plus qu'une cinquantaine de kilomètres avant de retrouver Andréa et Elisabetta, les enfants de Gina, une amie de ma mère. Andréa, avec qui je m'échappe régulièrement en vélo jusqu'à Sestrières, à 2000 mètres d'altitude, et Elisabetta, toujours entourée de ses meilleures copines.

C'est d'ailleurs en Italie que j'ai embrassé une fille pour la toute première fois. Une belle Italienne de quatorze ans. On n'est pas sortis ensemble, on s'est juste embrassés pour voir ce que ça faisait. Par jeu. J'avais treize ans.

Je me rappelle aussi une petite Française dont les parents avaient une maison au cœur du village et qui parlait couramment l'italien. Enfin, la sœur de ma grand-mère maternelle a eu plusieurs enfants qui se sont mariés et sont restés à Frazione-Villaretto, si bien que, chaque fois que l'on croise quelqu'un dans la rue, on me dit que c'est un cousin. Je ne les compte plus dans le village.

Un petit village à flanc de vallée, dont la cloche de l'église, juste derrière notre maison, sonne à chaque heure du jour et de la nuit. Tout le monde se connaît. Tout le monde se salue. Les parents vont les uns chez les autres, et les enfants forment une bande de copains. Ce que je ne vis pas à Vauvenargues. Certainement le complexe du mobil-home.

Fini, donc, les complexes pendant les vacances en Italie, où l'on se baigne nus ou à moitié nus dans les eaux froides des torrents en bas de la vallée. J'aime aussi les longues balades en montagne, à travers les forêts d'épicéas et de châtaigniers. À dix ans, je suis parti avec toute la famille, avant le lever du jour, lampe frontale vissée sur le crâne. On a rejoint Sestrières en passant sur les chemins de crête avant de rentrer par la vallée. Un périple de quatre-vingt-dix kilomètres. Le plus grand périple de ma jeune vie de randonneur, six ans après le tour du Mont-Blanc.

À Frazione-Villaretto, il y a aussi Farina, un ami de mes parents qui vend son miel, ses confitures et ses récoltes de champignons au bord de la route. On part avec lui à la fraîche dans les sous-bois pour ramasser des mûres, des framboises et des myrtilles. Les myrtilles, c'est l'enfer.

Ma sœur et moi, on doit remplir un demi-seau chacun avec un peigne pour récupérer les fruits sur la plante. C'est à celui qui ira le plus vite. Mais, pour un demi-seau, il faut bien compter quatre heures, et quatre heures, c'est long pour un gamin. Heureusement qu'il y a les pots de confiture au bout.

Le génépi, c'est beaucoup plus amusant. On part de nuit dans le Monte Albergian, une énorme montagne à droite de la vallée de Sestrières. Il faut crapahuter jusqu'à trois mille mètres pour trouver cette plante aromatique, la plus célèbre des Alpes, dont on tire une liqueur très parfumée. La cueillette du génépi, reconnaissable à ses fleurs jaunes, c'est sportif. Il faut gravir des barres rocheuses et escalader des éboulis. Cueillir la fleur d'une main et se tenir de l'autre en s'accrochant du bout des doigts à la paroi d'un rocher.

À cette altitude, chaque effort se paie cash et chaque escalade représente un réel danger. Un danger que je ne vois pas toujours, mais mon père veille au grain.

Il est par contre beaucoup moins regardant sur la réglementation qui interdit totalement la cueillette du génépi de ce côté-là des Alpes. Chaque fois, on en ramène entre deux cents et trois cents pieds, que ma mère dissimule dans son soutien-gorge en cas de contrôle.

L'Italie, c'est aussi une complicité retrouvée avec ma sœur. On fait équipe pour affronter les bandes rivales à coups de seaux d'eau dans les rues du village, où chaque fontaine est une nouvelle réserve de munitions et le théâtre de bonnes parties de rigolade.

L'Italie, c'est également mon premier cours de ski à Sestrières à l'âge de sept ans. Ma première combinaison rouge et bleue, mon premier flocon. Les étoiles suivront.

C'est encore en Italie que je découvre la voile lors des vacances de Noël 1982. Pas sur l'eau, mais dans un livre d'Éric Tabarly, *Le Tour du monde de Pen Duick VI.* Quelques jours avant de fêter mon dixième anniversaire.

— Quel livre te ferait plaisir pour ton anniversaire ?

À trois jours de boucler les valises pour l'Italie, la question de mon père a le don de me surprendre. Ma réponse aussi :

— Un livre de bateaux.

Je n'ai même pas pris le temps de réfléchir. C'est venu instantanément comme les images que j'ai en tête à ce moment-là. Les images d'un petit film super-8 avec des dizaines de bateaux et de voiles de toutes les couleurs qu'un retraité nous a projeté, à mon père et moi, la semaine dernière sur la porte d'un garage.

Comme à la maison, on n'a pas la télé en Italie. Alors, chaque fois qu'on part en vacances, les parents louent un projecteur super-8 et des films au CRDP, le Centre régional de documentation pédagogique. Des films comme *La*

Grande Vadrouille ou *Le Pacha* qu'on regarde avec les amis ou entre voisins. Le temps d'une soirée, la petite maison de Frazione-Villaretto devient une sorte de cinéma de quartier. Un cinéma Paradiso à la mode Cammas.

Mais ces locations pèsent de plus en plus dans le budget des vacances, et c'est en consultant les petites annonces à la recherche d'un projecteur d'occasion qu'on s'est donc retrouvés un soir au sous-sol d'une belle maison à la sortie d'Aix-en-Provence.

Pour montrer que son projecteur était en parfait état de marche, le vendeur, un homme de près de quatre-vingts ans, le visage buriné et à la dégaine de marin, nous a projeté un petit film sur la porte de son garage. Un film d'à peine deux minutes sur une course de bateaux qu'il avait tourné l'été d'avant du côté des Sables-d'Olonne.

Je n'avais jamais vu autant de bateaux d'un seul coup ! Et ce sont bien ces images qui me sont revenues à l'esprit, quand mon père m'a demandé quel livre je voulais emporter en Italie. Un formidable coup de projecteur.

Au même moment, les bouquins d'aventures sont en solde dans la petite librairie en haut de la rue Bédarrides, à Aix-en-Provence. Et *Le Tour du monde de Pen Duick VI* trône en haut de la pile du rayon « voile », juste à l'entrée du magasin. Rassurés par la personnalité et la célébrité de l'auteur Éric Tabarly, mes parents ne cherchent pas plus loin. C'est emballé.

La lecture du *Tour du monde de Pen Duick VI*, c'est l'après-midi pendant la sieste de mes parents, en tailleur sous un arbre ou assis sur les marches de l'église. Mais, dès les premières pages, je découvre une langue étrangère.

Portsmouth, Ouessant, Fromveurt, c'est du charabia pour moi. Un voyage en mer inconnue. Non seulement je me pose un tas de questions sur la géographie, mais il y a aussi les termes techniques…, incompréhensibles. Je sais à peu près ce qu'est un mât, et encore, mais un ketch ou les haubans, c'est du chinois.

Et les marins sont des gens bizarres. Même le vent, ils lui ont trouvé plein de noms. « Nordet » pour nord-est, « noroît » pour nord-ouest, « suête » pour sud-est ou encore « suroît » pour sud-ouest. Je ne comprends pas tout, mais je m'accroche et je termine en moins de deux semaines les deux cent soixante pages de mon premier tour du monde.

La magie a fonctionné. Mes rêves me transportent désormais sur les vagues de l'océan Indien et dans les tempêtes du Pacifique Sud avant de franchir le cap Horn. Autant de régions du monde dont je ne connaissais pas l'existence avant d'ouvrir ce livre.

À mon retour de vacances, je le lis une deuxième fois avec l'aide d'un petit dictionnaire pour bien comprendre toutes les subtilités du vocabulaire marin. Pour bien comprendre chacune des situations qu'Éric Tabarly a dû affronter pendant ce tour du monde.

À dix ans, vivant loin de la Bretagne et sans télé, je ne sais pas qui est Éric Tabarly. Mes parents m'ont dit que c'est quelqu'un d'important, de très connu. Moi, je découvre un marin exceptionnel, timide et réservé, qui va guider ma vie. Je découvre aussi Bernard Rubinstein, Bernard Deguy, Mikaël Leberre, Antoine Croyère, Pierre Leboutet, Marc Pajot et Olivier de Kersauson parmi les équipiers de la Whitbread 1973. Je découvre enfin Gérard Petitpas, qui gère à terre le tour du monde d'Éric Tabarly.

Gérard Petitpas, qui deviendra le parrain de *Groupama 4*, lors de ma Volvo Ocean Race.

De sacrées gueules sur les photos. Elles aussi, elles m'impressionnent. Et quelle aventure ! Un démâtage dans la première étape entre Portsmouth et Le Cap, en Afrique du Sud. Dans la suivante, *Pen Duick VI* coupe en premier la ligne d'arrivée à Sydney sans savoir s'il gagne ou non l'étape. C'est le temps compensé qui compte. « Temps compensé », encore une formule barbare que j'ai décryptée grâce à mon petit lexique. Victime d'un nouveau démâtage à l'étape suivante, dans le Pacifique Sud, Éric Tabarly doit se résoudre à abandonner la course, mais prépare déjà sa prochaine aventure. Quelle leçon ! Une leçon que je n'ai jamais oubliée.

Quand je referme ce livre pour la troisième fois au printemps 1983, je n'ai plus qu'une idée en tête : faire du bateau. Pour mes parents, il y a un air de déjà-vu.

Deux ans auparavant, je suis revenu de Sestrières avec des étoiles plein les yeux. Si fondu de ski que ma mère m'a tout de suite proposé de rester en Italie pour intégrer une section sport-études.

Elle était prête à ce que j'arrête l'école en France. Peu de parents sont capables de réagir comme ça, d'avoir cette liberté d'esprit, mais je m'en suis senti complètement incapable.

Cette fois, je ne demande qu'à faire mes premières armes, mais le message a du mal à passer auprès de mes parents qui ont de plus en plus de difficultés à boucler les fins de mois. La voile, ce n'est pas donné, et c'est à Marseille, donc très compliqué à organiser. De surcroît, ce n'est pas dans leur culture. Les Cammas sont avant tout des montagnards.

Alors, j'insiste lourdement en me servant du piano comme monnaie d'échange avec ma mère qui tient par-dessus tout à ce que j'entre au conservatoire. Et ça marche !

J'en arrive même à me demander aujourd'hui s'il ne serait pas plus juste que l'on me surnomme le « petit Tabarly du piano » plutôt que le « petit Mozart de la voile » tant j'ai travaillé la musique pour monter la première fois dans un bateau.

— Monsieur, j'ai fini !

Vu le sourire en coin qu'il m'adresse en prenant le bout de papier que je lui tends, le jeune moniteur de l'Union nautique marseillaise ne croit déjà plus en moi. Contrairement aux neuf autres stagiaires dont ma sœur qui, comme moi, viennent de démarrer leur premier stage d'Optimist, je n'ai pas posé une seule question, de toute la journée, et mon enthousiasme laisse à désirer.

C'est que je trouve le temps long sur la cale, pas loin du Vieux-Port, à écouter les explications des moniteurs sur la manière de préparer un Optimist, de le faire avancer ainsi que les règles de sécurité. J'ai déjà lu tout ça dans un autre livre sur la voile que mon père a acheté pour compléter ma collection

Dans l'après-midi, on est allés sur l'eau jusque devant la piscine après la pointe Carinade. Mais tous nos Optimist étaient attachés les uns derrière les autres et tirés par un zodiac. C'était pour nous montrer comment le bateau réagit aux mouvements que l'on imprime sur la barre. J'ai vraiment l'impression de perdre mon temps.

Le pire est à venir. Quand on doit remonter la cale dans nos gilets de sauvetage jaunes, tous en file indienne, comme des petits canards. Je me sens ridicule.

Bref, ce soir, je suis déçu de ma première journée de stage, mais j'ai répondu sans hésiter aux questions des moniteurs. Des réponses griffonnées sur un morceau de papier. Safran, puits de dérive, bôme, mât, livarde, écoute, le vocabulaire de base n'a déjà plus de secrets pour moi. Désormais, les moniteurs le savent.

Au deuxième jour, les choses sérieuses commencent. Je prépare le bateau sans me poser de questions. Agnès n'est pas mal non plus. On a un train d'avance sur tous les autres, et c'est criant dès le premier bord. Tout à l'heure, j'ai glissé en descendant le bateau sur la cale, et les autres ont ri aux éclats, mais ils vont voir ce qu'ils vont voir. J'ai bien repéré d'où venait le vent et, si les moniteurs ne changent pas les bouées de place, je sais déjà comment je vais partir au coup de sifflet.

Il a fallu attendre les retardataires, attendre que tous les bateaux soient prêts, ce qui a pris une bonne heure. Mais ce moment est enfin arrivé. Je donne tout de suite un petit coup de barre sur la droite pour gonfler ma voile et prendre de la vitesse. Quelle sensation ! J'en ai encore les poils qui se dressent !

Oh ! ça ne va pas bien vite par manque de vent, mais je me suis pris au jeu tout de suite. Sans quitter ma voile des yeux, je mets le cap vers la bouée jaune en jouant sur l'écoute et en tenant la barre d'une main ferme. Comme dans le livre de Tabarly. Sauf que, là, ça va beaucoup moins vite. Qu'importe ! Je suis dans le coup, loin devant mes petits compagnons de stage qui se traînent. Pire, certains n'ont pas encore démarré. Je leur avais bien dit tout à l'heure qu'il ne fallait pas se moquer.

À l'arrivée, mémé Cammas est là, sur le ponton. Sitôt amarré, je cours me jeter dans ses bras sans prendre le temps d'enlever mon gilet de sauvetage. Je suis tellement fier d'avoir gagné les deux premières régates du stage. Je sais tout ce que je lui dois, à ma grand-mère.

Sans elle, je ne serais pas là. C'est elle qui nous garde, ma sœur et moi. Elle nous accompagne tous les matins jusqu'à l'école de voile et nous récupère le soir, parfois en compagnie de papa.

La petite colonie s'est d'ailleurs installée chez une amie de mes parents, dans le quartier de la Blancarde, à quatre kilomètres de l'école de voile. Une femme extrêmement maniaque. La première chose qu'on ne comprend pas, ma sœur et moi, c'est qu'elle nettoie le fil d'étendage en travers de son balcon avec un chiffon avant d'y mettre son linge. On n'a jamais vu ça chez nous.

Pareil pour les miettes de pain. Dans le mobil-home, elles peuvent rester sur la table ; il y a toujours un chat qui s'en occupe à un moment ou à un autre. Là, il faut nettoyer tout de suite, et, hier soir, elle s'est mise en colère parce que je sautais sur le canapé.

D'ailleurs, on a été à deux doigts de se faire virer. Heureusement que mémé Cammas était là pour faire tampon et protéger ses petits-enfants « si turbulents et mal élevés », comme le dit cette dame.

Le dernier jour de stage se termine. J'ai encore en travers de la gorge le virement raté d'hier midi quand je me suis pris les pieds dans l'écoute. Ma sœur, qui n'est jamais très loin, en a profité pour gagner la régate. L'honneur de la famille est sauf, mais je n'aime pas perdre.

Alors, je ne lâche rien aujourd'hui et je me régale dans une petite brise de nord-ouest annonciatrice de mistral. Trop sans doute aux yeux d'une monitrice qui me demande plusieurs fois de me calmer. Trop tard ! C'est l'accident ! Rien de grave, juste ma livarde qui s'est décrochée, sans doute parce que je l'avais mal fixée ce matin. Et, avec ce vent, ça n'a pas tenu. Déçu, surtout furieux contre moi-même, je range mon matériel sans dire un mot, comme le premier jour.

De retour sur la cale, l'une des monitrices glisse à l'oreille de ma sœur :

— Ton frère, on n'en fera jamais quelque chose sur un bateau : il n'obéit jamais !

J'arrive au bout. Au bout des trois cents marches à flanc de falaise qui mènent à la petite plage de sable de la calanque de Saint-Barthélemy, en contrebas du massif de l'Esterel. Une petite plage entourée de pins, où on va planter la tente et vivre pendant ces quinze jours de vacances, début juillet 1984. Après, ce sera l'Italie !

En attendant, c'est donc une crique, baignée par les eaux chaudes et transparentes de la Méditerranée, où on campe tous les quatre, bien que ce soit complètement interdit. Mais mes parents ne sont plus à ça près ! Le matin, on déplie la tente pour en faire un drap de plage. Le soir, on la remonte pour dormir. Ni vu ni connu.

De cette crique, et depuis mon stage d'Optimist il y a un an, je ne regarde plus de la même façon les voiliers qui passent au large. Je m'imagine à bord dans une longue traversée de l'Atlantique. Je rêve de découvrir le monde en bateau.

Mais, pour l'heure, je dois me contenter d'un grand canot pneumatique à moitié bleu et jaune pour vivre d'autres aventures sur mon île au trésor, un morceau de rocher entouré d'eau à moins de cent mètres du bord.

Je n'ai pas dit mon dernier mot.

— T'es passé où ?

C'est toujours la même question quand ma mère ne me trouve pas à la porte du collège ou devant la grille du conservatoire à la sortie des cours. Et ma réponse ne varie pas d'un pouce :

— J'étais là-bas.

Je pointe du doigt le cours Mirabeau, les Champs-Élysées d'Aix-en-Provence.

Là-bas, dans l'une des deux librairies du centre-ville qui disposent d'un rayon voile. Quand on n'a pas de bateau…

Je les ai repérées dès mon entrée en sixième au collège Mignet. La plus proche, c'est la Librairie de Provence. Alors, tel un prisonnier qui compte ses pas pour mesurer ce qui le sépare de la liberté de l'autre côté du mur de sa prison, j'ai chronométré le parcours entre les grilles du conservatoire et cette librairie.

C'est moins de la minute ! Donc, dès que l'occasion se présente, une heure d'étude ou un cours qui saute, je file à toutes jambes vers le cours Mirabeau pour dévorer des bouquins et des magazines de voile.

À partir de mes treize ans, j'y passe énormément de temps. Il m'arrive même de sauter quelques ateliers du conservatoire. Je m'intéresse alors de plus en plus à la course au large. Je suis toutes les courses et je ne manque pas un article sur la victoire de Philippe Poupon en 1986 dans la Route du Rhum. Une Route du Rhum endeuillée par la disparition de Loïc Caradec après le chavirage de son trimaran. Je n'ai rien raté non plus du triomphe de Philippe Jeantot, la même année, dans le Boc Challenge, le tour du monde en solitaire par étapes.

Pendant que les gars de ma classe enchaînent les parties de baby-foot et flipper, je traîne des heures dans cette librairie. Debout, appuyé contre le rayon « voile » ou devant le portique des cartes postales, avec toujours un livre ou un magazine à la main. Je ne prends aucune note. D'ailleurs, j'ai rarement pris des notes. Je préfère retenir ce qui m'intéresse, ce qui pourra me servir plus tard ! Ça renforce la mémoire.

Je n'achète quasiment jamais les magazines que j'ai lus et encore moins les livres dont je marque les pages pour la prochaine fois. Ce qui a le don d'énerver les commerçants. Le temps à ne pas dépasser dans la boutique, c'est généralement deux heures ; après, c'est la porte...

Et, quand je reviens, un peu plus tard dans la semaine, car je reviens toujours, j'ai le droit au sourire de la caissière. Je suis un voleur de lecture, mais pas un voleur de livres, et elle le sait.

Je suis véritablement devenu fan de voile à treize ans et, comme les amoureux du rock ou les passionnés de football, je découpe les photos de mes idoles, surtout de leurs bateaux. Des photos que je fixe avec des adhésifs sur la paroi de la cabine du mobil-home que je partage avec ma sœur.

L'une des premières que j'ai accrochées, c'est le *Crédit Agricole II* de Philippe Jeantot, lors de sa victoire au Tour de l'Europe en 1985. Une photo, prise de l'arrière, où l'on voit le plus grand catamaran de l'époque, vingt et un mètres de long, sur un seul patin. Tous les soirs, je m'endors avec cette photo sous les yeux.

Sur mon mur entièrement dédié à la voile, il y a aussi la photo du premier trimaran de Philippe Poupon, son *Fleury Michon*, deuxième de la Transat anglaise en 1984. Il y a encore celle de *Steinlager 1*, le trimaran rouge du Néo-Zélandais Peter Blake qui sera tué par des pirates le 5 décembre 2001, lors d'une mission environnementale dans l'estuaire de l'Amazonie, sur l'*Ex-Antartica* de Jean-Louis Étienne, devenu aujourd'hui le voilier scientifique *Tara*, basé à Lorient. J'ai même une photo de Loïck Peyron, vainqueur du Tour de l'Europe sur son trimaran *Lada Poch* en 1985.

Quant à la Whitbread, la course autour du monde en équipage devenu la Volvo Ocean Race, elle occupe toute la largeur de ma tête de lit avec les mêmes photos que celles du livre de Tabarly, lu trois ans plus tôt.

Je n'arrive toujours pas à comprendre pourquoi le plus célèbre marin de France ne gagne pas cette course. Abandon sur dématage en 1973 avec *Pen Duick VI*, dixième en 1982 sur *Euromarché* et dixième encore en 1986 sur *Côte-d'Or*, le plus gros bateau de la flotte. À la surprise générale, c'est le Français Lionel Péan qui, cette année-là, l'a emporté en temps compensé sur l'*Esprit d'équipe*.

Éric Tabarly, je ne l'ai croisé qu'une seule fois sur un ponton. C'était à Benodet, en 1997, juste avant le départ de la transat en double Le Havre- Carthagène, une transat qu'il a d'ailleurs remportée avec Yves Parlier sur *Aquitaine Innovation*. Ce jour-là, je suis monté à bord pour terminer le convoyage vers Le Havre alors que lui s'arrêtait là.

Il est descendu et m'a tendu la main en premier.

Je l'ai saisie sans dire un seul mot, sans rien laisser paraître de mon émotion.

Pourtant, c'était un rêve de gosse qui était en train de se réaliser.

J'avais devant moi Éric Tabarly en personne.

Un homme plus petit que je l'imaginais quand j'étais enfant, mais un homme large d'épaules et très impressionnant physiquement.

C'est l'image que je retiens de cette courte poignée de main. Et ces deux mots à mon adresse :

— Bonne chance.

III

Destination Bretagne

Sur la route de Marseille et au volant de sa voiture, mon père cherche depuis quelques minutes à croiser mon regard. Tout à l'heure, il a bien tenté de me poser des questions, de savoir comment je me sentais, si je n'avais pas peur. Mais je n'ai pas répondu. Pas une seule fois. Seulement un signe de tête pour lui dire que ça allait, qu'il ne fallait pas qu'il s'inquiète pour moi.

Je l'ai vu sourire, mais je sais qu'il en avait gros sur la patate. Gros sur le cœur de devoir me laisser tout seul sur le quai de la gare Saint-Charles, de me voir monter seul dans ce train, de me regarder partir, loin de lui. Mais, plus que tout, je crois que ce qui le chagrine le plus, c'est de ne pas pouvoir m'accompagner, comme je le lui avais pourtant demandé quelques jours plus tôt.

Trop de soucis à la maison. Les travaux qui n'avancent pas et les engueulades à répétition avec ma mère. Il a donc fini par renoncer et rester à Vauvenargues, même si ça lui coûte de me voir partir seul en Bretagne, loin de mes terres arides et ensoleillées.

Alors, me voilà dans ce train. Pour ne pas avoir à croiser le regard de mon père debout sur le quai, pour ne pas le voir essuyer ses larmes au fur et à mesure que je m'éloigne de lui, je baisse la tête, je fais semblant de chercher quelque chose dans mon sac. Je fuis, je m'envole, seul, vers cet apprentissage de la vie qui est peut-être ma destinée.

Mais, comme je fais plus jeune que mon âge, ça ne loupe pas ! À peine suis-je assis à ma place qu'un contrôleur me demande où sont mes parents.

— Nulle part, monsieur. Je voyage seul.

Rien à faire, il ne me croit pas et il faut que je lui présente ma carte d'identité, mon autorisation parentale et mon attestation de stage. Un stage de voile dans la presqu'île des Glénan, en Bretagne.

Visiblement étonné d'avoir affaire à un gosse et, pour prendre à témoin les deux voyageurs installés devant moi, il se lâche alors, à haute voix :

— Marseille, Montpellier, Bordeaux, Nantes, Rosporden et Concarneau. Quatre trains, un de nuit, trois correspondances, un car et plus de mille deux cents kilomètres à travers la France, tout seul à quinze ans ! Chapeau, bonhomme, t'es sacrément débrouillard !

Un beau compliment.

— Merci, m'sieur !

Pourtant, si j'étais plus disert, je peux ajouter qu'à l'issue de ce périple ferroviaire et routier, je dois aussi prendre un bateau pour gagner l'île de Penfret, où se trouve la base nautique de l'école des Glénans. Mais je ne compte pas mes kilomètres. Le plus important pour moi, c'est de participer à mon premier stage dans le temple des « voileux ».

Après mon baptême d'Optimist, j'ai eu envie de refaire du bateau, mais la mer n'est pas tout près et, entre le piano, le violon, la danse de salon, les randonnées, le vélo, la natation de compétition, les devoirs et les travaux de la maison, je ne pouvais pas demander l'impossible à mes parents.

Alors que le train file à pleine vitesse et que j'en profite pour regarder au-dehors pour admirer ces nouveaux paysages qui s'offrent à moi, je repense à cette histoire, il y a deux ans, lorsque ma mère a fait marcher ses relations pour tenter de me trouver un embarquement de temps en temps en fin de semaine. Elle a même réussi à décrocher un rendez-vous un samedi midi avec un type sur l'île des Embiez.

À notre arrivée, l'homme d'une cinquantaine d'années, sans doute un ancien beau gosse, a proposé un petit tour en bateau à ma mère. Je le voyais venir gros comme une maison ! Or, quand elle lui a expliqué que ce n'était pas pour elle qu'elle venait, mais pour son fils d'à peine treize ans, la sortie du port est devenue aussitôt très dangereuse. Trop dangereuse. Tu parles ! Il n'y avait pas un poil de vent. Un peu grosse, la ficelle du plan drague.

Le train commence à ralentir. J'arrive à Montpellier. Je ne pourrai pas traîner : je dispose de moins de dix minutes pour prendre ma correspondance pour Bordeaux. J'ai déjà mon sac sur le dos.

Refroidie par les Ambiez, ma mère a du même coup stoppé net ses recherches. Je suis donc resté trois ans à quai. Trois ans sans faire de bateau. J'ai hâte, car cette passion me dévore aujourd'hui.

C'en est à un point que je ne prends même pas la peine de répondre à la vieille dame assise devant moi depuis Marseille et qui me propose gentiment de m'accompagner. Dès que le train stoppe, je détale comme un fou pour rejoindre ma correspondance à l'autre bout de la gare. Un train Corail pour Bordeaux.

Ce qui a changé, c'est que je fais du dériveur, du 4.20 depuis la dernière rentrée en septembre. Mes parents m'ont inscrit au Centre nautique de la Pointe-Rouge, à Marseille.

Il y a deux entraînements par semaine : le mercredi et le samedi après-midi. Le seul problème, c'est que je dois m'y rendre par mes propres moyens.

À la sortie des cours, je prends le car à Aix pour Marseille, j'enchaîne avec le métro jusqu'au vélodrome et je termine en bus jusqu'à l'école de voile à l'est de la ville. Le temps d'avaler un sandwich, j'enquille trois à quatre heures de 4.20 et je reprends le même chemin en sens inverse.

Cela représente près de cent vingt kilomètres dans la journée, et j'arrive complètement épuisé dans le mobil-home. Cent vingt kilomètres deux fois par semaine. Quand on aime… Toulouse-Bordeaux-Nantes, et me voilà enfin arrivé à Rosporden. Je m'étais pourtant juré de ne pas dormir. Mais je n'ai pas pu résister à la fatigue et au bruit régulier des voitures sur les rails. Au petit matin, j'ouvre les yeux, ma tête appuyée contre l'épaule de mon voisin…

À la Pointe-Rouge, je suis passé à autre chose avec le 4.20. Fini le défilé des petits canards jaunes sur la cale d'embarquement au pied du Pharo. Je suis désormais dans la technique de course, la glisse et la compétition. Mais les résultats ne sont pas au rendez-vous, et je cherche encore ma voie. C'est pour cela que je viens en Bretagne, à l'école des Glénans, la référence pour de nombreux marins.

Pour obtenir ce stage, j'ai dû négocier de longues semaines avec mes parents, qui ne roulent pas sur l'or entre les emprunts à rembourser et les travaux de la maison. Ils ont fini par dire oui, et je ne les remercierai jamais assez.

C'est donc avec le sourire aux lèvres et avec une grande pensée pour eux que je pose le pied sur le quai de la gare de Rosporden. J'ai froid, je suis fatigué ! Fatigué, mais heureux et surtout surpris de ne pas voir à moins de cent mètres ! Quelle brume ! C'est tout le temps comme ça, ici ?

C'est ma première image de la Bretagne, mais je m'en fiche ; ce qui compte d'abord, c'est de pouvoir faire du bateau.

À mon arrivée à Concarneau, je découvre, par la vitre du car, que les ardoises ont remplacé les tuiles. Les toits sont noirs, les murs des maisons, en pierre de granit. Et, même si un carreau me sépare du dehors, je me délecte de cette odeur si particulière qui règne ici ! Ça sent la mer ! J'aime déjà l'odeur.

Tout s'enchaîne comme dans un bon film. Le port de Concarneau, le bateau qui embarque les stagiaires pour rejoindre l'archipel, la traversée et l'arrivée sur l'île de Penfret, toujours sous une brume matinale. Je trouve l'endroit magique.

Pendant ces quinze jours de stage, je navigue en équipe sur des caravelles, des petits dériveurs en contreplaqué, dessinés spécialement pour l'école des Glénans en 1957. Il faut passer entre les rochers, s'amarrer dans les ports, à la voile, rien qu'à la voile. Avec les Caravelle, aucun risque, c'est du solide. En revanche, ce n'est pas le bateau le plus facile à manœuvrer. Alors, il y a quelques atterrissages forcés, mais rien de grave. J'en ai raté quelques-uns...

Ce qui est sympa aussi, c'est la vie de groupe ! À quinze par tente ! Et les soirées, très animées. Je ne monte pas sur les tables pour amuser la galerie, je ne fais pas le clown autour du feu de camp ; bien trop timide pour ça ! Mais, pour la première fois depuis bien longtemps, je me sens bien avec les autres.

Et enfin, quand la brume se lève, la Bretagne est encore plus belle.

Quinze jours ont passé, et je n'ai plus qu'une idée en tête dans les trains du retour à Vauvenargues : retrouver dès que possible ce petit coin de paradis entre les eaux translucides de l'île Saint-Nicolas, le fort « inutile » de l'île Cigogne, et les goélands argentés de l'île du Loch. C'est le deuxième tournant de ma vie après le livre de Tabarly.

Au contact des moniteurs, j'ai appris que ce n'était pas leur métier, qu'ils étaient tous bénévoles, d'anciens stagiaires « juniors » comme moi. Ils ont suivi une formation maison pour pouvoir encadrer des jeunes à leur tour. Ce qui leur permet aussi de naviguer gratuitement dans l'un des plus beaux coins de la Bretagne.

C'est donc décidé, je veux devenir moniteur ! Et le plus vite sera le mieux. Dès mon arrivée en gare de Marseille, j'entame les négociations avec mes parents pour l'année suivante. Des parents médusés, des parents qui ne comprennent pas encore ce qui est en train de se jouer. La voile, ce n'est pas leur culture.

Je vois bien l'effarement de ma mère quand je lui parle des eaux d'un bleu turquoise de l'archipel des Glénan. Elle me prend pour un fou. Mon père aussi. C'est loin d'être gagné ! Alors, je leur parle bateau. Dans le langage de mes parents, « bateau », c'est : stage, formation, monitorat, enseignement. Bingo ! Il ne me reste plus qu'à bien travailler en classe.

À quinze ans, mon rêve, c'est de naviguer pour découvrir le monde. Pas encore de gagner des courses, d'affoler les compteurs à la barre d'un multicoque, même si je collectionne les images de la Route du Rhum et de la Whitbread sur un pan de mur du mobil-home.

En 1990, j'obtiens mes diplômes de moniteur à l'école de voile des Glénans pour la croisière et la voile légère. Les trois années suivantes, j'encadre environ deux cents jours de stages sur tous les sites de l'association, de l'étang de Thau à Marseillan, jusqu'au Fasnet, en Irlande.

Ils en ont fait, une drôle de tête, mes premiers stagiaires, tous autour de la quarantaine, quand ils ont vu arriver leur « chef de bord » de dix-sept ans, qui en paraît toujours deux de moins. Il y a eu un peu d'incompréhension au début, mais la confiance est revenue très vite sur l'eau. Je me souviens même d'un grand blond qui trouvait que j'en demandais trop. Et il n'a pas été le seul.

— Hé ! Ne traînez pas sous le vent du bateau ! Venez vous mettre en rappel. Et puis les sacs, en bas, ils ne sont pas du bon côté.

Alors que le soleil commence sa longue descente derrière Goulphar, j'ai de plus en plus de mal à diriger ma troupe, surtout un couple dont je ne me rappelle pas les prénoms depuis qu'on est partis ce matin du port de Vannes.

À la sortie du golfe du Morbihan, je demande aux garçons de régler les voiles en permanence pour profiter du moindre souffle. Il s'agit de rattraper les autres gars de l'école sur le bateau à un quart de mille devant nous.

Mais j'ai beau mettre la pression pour aller encore plus vite, rien à faire. Et la réflexion que je ne voulais pas entendre brise mon élan :

— Oh ! oh ! On est là pour les vacances !

On ne peut pas gagner à tous les coups.

Avec des équipages plus jeunes, en revanche, ça fonctionne. Je pousse les mecs à fond, et il y a de belles bagarres avec certains moniteurs. Attention, cependant : de retour à la base, on ne le crie pas sur les toits.

Ce n'est pas du tout dans l'esprit de l'école. Aux Glénans, « régate », c'est presque un gros mot. Un gros mot que j'aime de plus en plus.

Car j'ai déjà goûté à la compétition avec le 4.20, mais sans obtenir les résultats que j'espérais. Il a d'abord fallu du temps pour que je m'habitue à ce bateau. Puis je me suis senti bien seul au départ de mes deux premières régates. Les parents de mon équipier étaient là. Pas les miens, ni ma sœur. Des régates qui ne me laissent pas un souvenir impérissable, surtout en ce qui concerne le résultat où nous étions dans les choux.

Rebelote en fin de saison, lors de la Semaine nautique internationale de Méditerranée en 1988. L'évènement réunit alors toutes les écoles de voile de la région. Je vais sur mes seize ans. C'est ma première grande régate, et, une fois de plus, c'est le bouillon.

Je ne décolère pas sous la douche de l'école de voile. Pas après mon équipier qui a déjà retrouvé ses parents, mais après moi. Je ne me reconnais pas depuis une semaine. Depuis qu'on enchaîne les manches devant le port de Marseille. Je n'ai plus cette hargne qui me pousse à être toujours devant. Je suis bien sur l'eau, mais il y a un truc qui ne colle pas.

De retour dans le mobil-home, le soir, je repense à mes lectures et aux discussions que j'ai eues dans la semaine avec plusieurs entraîneurs. Pour me rendre à cette évidence : je sais aller vite, mais pas où pour aller encore plus vite. Je sais naviguer, mais je n'ai pas encore toutes les ficelles pour gagner une régate.

Je me suis revu aussi pendant la course à lorgner du côté des « habitables », à la lutte plus au large. Je suis de plus en plus attiré par ces gros bateaux que je vois dans le port et j'en viens à me demander si je ne ferais pas mieux de viser tout de suite plus grand que le 4.20.

Je vais bientôt découvrir l'école des Glénans ; c'est un premier pas, mais je veux déjà aller loin, beaucoup plus loin. Suivre, pourquoi pas, les pas d'Éric Tabarly, le héros de mon enfance. Tabarly, qui vient de mettre à l'eau un nouveau trimaran, *Côte-d'Or II*, à cinquante-cinq ans. Les années n'ont pas l'air d'avoir de prise sur lui et – qui sait ? – je pourrais peut-être un jour naviguer à ses côtés.

Bien décidé à trouver un embarquement, je me précipite sur la bourse des équipiers à chaque nouveau numéro de *Voiles et Voiliers* et je profite aussi du minitel de la famille dont j'explose les factures. Enfin, je fais du « porte-à-porte » sur les pontons du Vieux-Port. Ce qui n'est pas le plus facile pour moi.

C'est pourtant de cette façon que j'obtiens mon premier embarquement sur un First 32 pour un entraînement d'hiver. Plus que ma détermination et mes premières « voiles » des Glénans, c'est ma bouille de premier de la classe qui a séduit le couple de propriétaires.

Juste après, et pour trois sorties seulement, c'est un bateau plus grand et plus difficile à manœuvrer qui s'appelle *Pacoe*, avec un sympathique chef de bord marseillais. Mais ce n'est déjà plus la même échelle. Finis les ronds dans l'eau devant la Pointe-Rouge ; c'est le tour du Frioul. Je suis au rétro, réglage des voiles et à la manœuvre. Naturellement, comme je suis petit et pas bien épais, je me retrouve à l'avant, à faire le singe, le tangon à la main, pour envoyer le spi. J'ai changé de bateau et j'ai aussi changé de monde.

À bord, je suis entouré d'avocats et de notaires qui ont tous plus de quarante ans. Un milieu à l'opposé du mien, moi le petit-fils de militants communistes qui arrive de mon mobil-home. Ce que je ne dis pas. Ils savent juste que je suis d'Aix-en-Provence.

Tous naviguent pour la gagne. C'est d'abord ce qui me plaît chez eux. Alors, je suis le mouvement à fond, sans prêter attention à ce que mon père, syndiqué à la CGT, appelle la « lutte des classes ».

Je m'éclate sur *Pacoé*, mais ça ne dure pas. Et ce dont je rêve, maintenant, c'est un véritable bateau de course pour faire… le Tour de France à la voile, la Solitaire du Figaro ou la Mini Transat.

Monsieur, Madame,
Je cherche un sponsor pour mener à bien le projet suivant : je souhaiterais participer à la soltaire du figaro…

À chaque caractère, je retiens ma respiration pour taper ma lettre sur la vieille machine à écrire de maman. Surtout qu'il n'y a plus de ruban correcteur. Ni sur la machine ni dans le tiroir de la cuisine du mobil-home.

… une course à la voile qui se court chaque année aux environs du 25 juillet. Le parcours se structure en 4 etapes : Perros-Guirec, Dublin, Lorient, LA Corogne, La Trinité; au total 1470 milles (2722 Km) en environ 3 semaines.

L'autre jour, en sortant de mon cours de maths, je suis tombé sur un article qui donnait tous les détails de la prochaine Solitaire du Figaro : la fiche technique du bateau, son prix, le parcours et les récompenses à l'arrivée. Ça a fait tilt !

L'année 1990 marquera une nouvelle ère : c'est l'arrivée de la stricte monotypie. En effet, les half-tonners vont céder la place aux nouveaux first class figaro solo (voir caractéristiques ci-après).

Au départ, je voulais faire la Mini Transat, mais le 6.50 que j'avais repéré dans une petite annonce de *Voiles et*

Voiliers était bien trop cher vu son état, et le propriétaire n'a pas souhaité d'arrangement.

Mais, à bien y réfléchir, je préfère la Solitaire du Figaro pour commencer.

Ainsi, chaque concurent disposera du même matériel, ce qui permet l'égalisation des chances de chacun et qui, aussi, met un terme à la flambée des budjets des années précédentes.

J'ai aussi dessiné le parcours de chacune des étapes sur une feuille à grands carreaux. Je ne veux rien oublier dans cette lettre de motivation. La première de ma vie.

Cette course, une des plus ouverte des courses aux large, est reconnue dans le milieu « voileux » français par la qualitée des marins engagés et son organisation.

L'année dernière, c'est Alain Gautier qui l'a emportée. Son bateau était sponsorisé par Concorde, un groupe d'assurances. Pour le mien, j'ai choisi de frapper aux portes des plus grandes entreprises de l'agroalimentaire.

Ainsi, cette classique estivale est suivie par la plupart des médias, audiovisuels et presse écrite avec, en particulier, le suivi au jour le jour, du figaro, sponsor et organisateur de la course.

Pour les adresses, je suis allé dans un supermarché d'Aix-en-Provence et j'ai noté sur un cahier toutes les coordonnées qui figuraient sur les paquets de gâteaux, les boîtes de conserve, les bouteilles et les emballages sous vide.

BUDJET NECESSAIRE À L'OPERATION
450 000 F environ pour l'achat du bateau neuf, voiles et électronique comprises.

Et je n'ai peur de rien.

Après la saison de course, le bateau qui sera certainement très demandé, pourra être revendu aux environs de 350 000F.

GAINS EN CAS D'UN BON CLASSEMENT

- Vainqueur : 150 000F
- Second : 60 000F
- Troisième : 40 000 francs
Plus d'autres prix spéciaux.

Ouf ! j'en vois la fin.

INTERET DE L'OPERATION
POUR LE SPONSOR

Cette classique estivale, une des courses les plus médiatisée de la saison, offre certainement le meilleur "qualité-prix" actuel. D'autre part, le bateau sera utilisé pour courir de grandes régates classiques de la côte atlantique ou méditerranéenne (spi ouest france, spi dauphine, nioulargue...) qui sont souvent très spectaculaires.

Je fais le tri dans mes adresses. Il m'en reste dix-huit. Dix-huit enveloppes que je pose sur la table du salon pour les poster cet après-midi. Procter et Gamble est en haut de la pile.

Si vous êtes intéressé pour investir dans cette opération, contactez-moi pour une rencontre éventuelle.

Je vous prie, madame, monsieur, d'agréer l'expression de mes salutations sportives...
CAMMAS FRANCK

Quelques semaines plus tard, une seule réponse. Négative, bien sûr !

Une lettre type pour m'annoncer que ça n'entrait pas dans les objectifs de l'entreprise. Un seul sponsor m'a répondu, et je comprends mieux aujourd'hui vu l'amateurisme de ma démarche et le nombre de fautes d'orthographe que je retrouve en relisant cette lettre. Quelle naïveté !

À dix-sept ans, avec si peu d'expérience et un CV à chier sans la moindre victoire en voile, qu'est-ce que je pouvais espérer ?

Certainement pas courir la Solitaire du Figaro. Je me suis donc reconcentré sur mon bac S. Un bac scientifique que j'ai obtenu quelques mois plus tard avec 13,7 de moyenne et la mention assez bien. Surtout grâce à la physique et aux maths. Ça n'étonnera personne.

Le bac en poche, je prends l'initiative de rejoindre le propriétaire d'un Sélection 37 à Canet-en-Roussillon, près de Perpignan. Avec lui et sur ce bateau, je dois partir pour quatre semaines de croisière en Méditerranée par les Baléares et Ibiza.

Plus que la découverte des îles espagnoles, c'est surtout le bateau qui me fait chavirer de bonheur et d'impatience. Cette annonce, je l'ai repérée au début du printemps dans les pages de *Voiles et Voiliers* et, depuis tout ce temps, je ne pense qu'à cela.

Car le Sélection 37, c'est le bateau du Tour de France à la voile. Un vrai bateau de course sur lequel j'ai déjà fait trois sorties en mer cet hiver à Marseille. Mais trois sorties, ce n'est pas assez, alors, j'en redemande, et c'est l'occasion ou jamais.

L'affaire se règle par téléphone, un matin, de très bonne heure. Deux jours plus tard, me voilà devant mon interlocuteur. Très vite, on se met à parler de son bateau sur lequel je rêve de naviguer, des Baléares que je ne connais pas ou encore de mes futurs stages aux Glénans. Manifestement le courant passe, et le skipper m'annonce les choses simplement :

— Comme tu n'es pas majeur, il me faudra une autorisation de tes parents pour embarquer. Ça ne posera pas de problème, je présume ? Et puis je veux aussi te souligner, si tu ne l'as pas encore remarqué, que je suis handicapé. Cela veut dire que je me déplace d'un bord à l'autre du cockpit en glissant sur une planche de bois. Je peux comprendre si tu refuses.

J'ai accepté.

Car je le savais bien avant de l'avoir eu au téléphone : Didier Rousseau, ce nom circule sur les pontons. Un skipper privé de l'usage de ses jambes après un accident de moto et qui continue de naviguer, plutôt bien d'ailleurs, puisqu'il fait partie du top 10 dans sa catégorie de bateaux, forcément, tout le monde en parle !

C'est une figure de la voile dans le coin. Il participe à toutes les courses de sélection organisées entre l'Espagne et l'Italie, et je me dis qu'il y a peut-être une place à prendre pour les régates de l'hiver prochain.

C'est donc le cœur rempli d'espoir que j'embarque à bord de *Handicap*. Un nom de bateau et une réalité que je découvre pour la première fois d'aussi près. Un nom et une réalité qui me poussent à donner le meilleur de moi-même.

— La crevette, on vire bientôt !

La « crevette », c'est le surnom que m'a trouvé Didier après seulement trois jours de mer le long de la Costa Brava. Je le prends comme une marque d'affection. C'est vrai qu'il m'a à la bonne depuis que nous sommes partis.

C'est mon enthousiasme qui lui plaît plus que mes qualités de marin, sur lesquelles il a encore quelques interrogations. De mon côté, j'admire son courage, sa volonté et sa force de caractère. Les skippers paraplégiques ne courent pas les ponts de bateau, et je mesure jour après jour la richesse des moments que je suis en train de vivre.

Au retour de cette belle croisière, on se donne rendez-vous pour la saison d'hiver. Ce sera à La Ciotat, là où est basé *Handicap*. Aux Baléares, Didier s'est souvent moqué de ce qu'il appelait mes « grandes théories » sur la course au large. Il n'a jamais admis, par exemple, qu'un monotype Figaro puisse tourner à plus de dix nœuds de moyenne en solitaire. Je le vois encore hausser les épaules de dépit. Mais je pense malgré tout qu'il m'écoute puisqu'il me confie la préparation du bateau.

Je prends donc mon rôle très au sérieux. Et les matins de régates, je suis debout à cinq heures pour bricoler le gréement et tendre les haubans, au grand dam de l'équipage que je réveille dès potron-minet. Autrement dit, fini la crevette, j'ai le droit à quelques noms d'oiseaux.

Mais qu'importe ! J'emmagasine tout ce que je peux en expérience, si bien que, quelques mois plus tard, j'obtiens mon premier titre de gloire sur ce bateau. Une gloire toute personnelle, au terme d'un long *mano a mano* avec *Marseille Entreprendre*, le bateau de Jean-Paul Mouren, la star des régates du port de Marseille. C'est un concurrent de la Solitaire du Figaro avec qui j'avais tenté en vain de naviguer les mois précédents. Lui ne doit pas du tout s'en rappeler. Moi, si.

Presque deux ans ont passé. Nous sommes en juillet 1992, entre San Remo et le port d'Imperia, en cours de construction.

— Demain, tu ne nous fais pas un bord à l'envers.

C'est Patrick, l'intello de l'équipe, qui m'envoie un Scud. Un fort en maths et passionné de musique qui ne comprend pas pourquoi j'ai arrêté le piano à quinze ans et pourquoi j'ai décidé de mettre un terme à mes études pour faire de la voile. Ça le met en rogne.

Les « bords à l'envers », c'est quand on part seul dans son coin dans une régate. Devenu tacticien, il m'est arrivé plusieurs fois de tenter ce pari, en particulier à Monaco, où le plan d'eau est tordu. Pas toujours avec les résultats escomptés, d'où le missile de ce matin. Mais, avec nos vieilles voiles, il n'y a rien à espérer à suivre les autres.

Seulement, aujourd'hui, nous avons des voiles neuves et un bateau bien préparé. Alors, je rassure Patrick en lui disant qu'on ne fera pas de bord à l'envers dans cette toute nouvelle course San Remo-Marseille-Barcelone, à laquelle nous participons pour l'ouverture des Jeux olympiques de Barcelone.

Le premier soir, malheureusement, c'est la désillusion. On finit septièmes de la régate d'ouverture malgré nos belles voiles. Le pire, c'est qu'on sait qu'il n'y aura pas un souffle de vent dans la première étape jusqu'à Marseille. Pas vraiment ce qu'on espérait.

De fait, c'est la misère. À peine si on dépasse les trois nœuds sur une mer lisse comme un lac au large du cap Martin, au sud de Menton. Comme on n'a rien à y gagner, je tente un coup de poker avec l'accord de Didier. En début de nuit, au milieu d'une forêt de lumières de mâts, on quitte la meute, barre à tribord, pour une route au plus près des côtes. Je ne tiens pas ma promesse.

C'est aussi un bord à l'envers. Mais personne ne lâche pour profiter de la moindre risée malgré la fatigue qui s'accumule au fil des heures. Pour soulager Didier, je prends régulièrement la barre, et tout l'équipage commence à partager la même impression, le même sentiment : il est peut-être en train de se passer quelque chose.

Bien vu. Le jour se lève au-dessus de la Méditerranée encore endormie. Nous n'apercevons qu'un seul bateau devant nous et personne d'autre à l'horizon. Un bateau de 14 m obligé de tirer des bords pour passer entre l'île Maire et le cap Croisette. Un goulet dont on connaît tous les pièges. C'est notre chance.

Nous virons au ras de l'île de Maire pour éviter les courants contraires dans lesquels notre dernier adversaire s'est empêtré. C'est gagné. Il n'y a plus qu'à dérouler sous spi jusqu'à la ligne d'arrivée. Nous avons tellement d'avance que beaucoup de bateaux arrivent hors temps ! Quel camouflet pour les autres qui ne se gênent pas pour nous en balancer des vertes et des pas mûres.

Comment un équipage amateur, avec certes quelques bons résultats, mais sans plus, peut-il avoir mis une taule à des cadors et des pros comme les frères Destrumeaux ou encore Jean-Paul Mouren ? Certains nous accusent même d'avoir mis le moteur.

Mais qu'importe ! Ils peuvent dire ce qu'ils veulent. Moi, je jubile après cette première nuit de course. C'est aussi la première fois que Didier me confiait la barre en régate avec la victoire au bout. Et quelle victoire, puisqu'on ne peut plus être rejoints au classement général ! Nous venons de remporter « Objectif Barcelone 92 », nom officiel de cette course.

Fou de bonheur, j'asperge mes parents de champagne à mon arrivée sur le port de Marseille. Je suis tellement heureux qu'ils soient là, tous les deux, pour fêter avec moi cette première grande victoire. Je suis d'autant plus heureux qu'ils sont en train de divorcer. Mais, après tout, c'est leur vie. Ce jour-là, dans ce bonheur communicatif, on a fini le magnum ensemble sur le bateau.

Ne reste plus qu'à boucler les deux dernières étapes de ce San Remo-Marseille-Barcelone. Après une place de trois dans le tour de l'archipel du Frioul au large du Vieux-Port, ce qui est aussi un très bon résultat, nous faisons sensation à notre arrivée à Barcelone. Pas pour notre cinquième place dans le parcours de ralliement, mais parce qu'on s'est trompés de port à l'arrivée.

Sans le savoir, on est entrés dans celui des ferries, où tous les chefs d'État et les officiels étaient logés pour la cérémonie d'ouverture des Jeux olympiques. Immédiatement, une vedette de la *Guardia Civil* nous a heurtés et fait pivoter en force sous la surveillance de deux hélicoptères de l'armée. On se serait cru dans un film, mais ce n'était pas du cinéma. L'Espagne craignait par-dessus tout un attentat de l'ETA. La suite n'est pas mal non plus.

Bottes, cirés, combinaisons de survie, bermudas, maillots, chemises et pantalons, nous avions tout prévu à bord sauf le costume… Or, sans blazer ni cravate, impossible d'entrer au Real Club Náutico de Barcelona pour la remise des prix, même quand tu es le vainqueur que tout le monde attend.

Heureusement, l'équipe de handball de la Nouvelle-Zélande, tirée à quatre épingles, est venue à notre secours, et nous avons pu ainsi recevoir notre prix sous les ors du yacht-club espagnol.

Quelques mois plus tard, sous une nuit sans lune, je distingue au loin les lumières de la côte avec une petite pointe de stress. Mais je dois assumer. Je suis seul à bord pour convoyer *Handicap*, voilier de compétition de 11,35 mètres de long. Je dois le conduire de Saint-Cyprien à Port-Camargue. Seul à bord d'un bateau pour la première fois de ma vie.

L'occasion est trop belle ! L'instant est à marquer d'une pierre blanche ! Alors, je passe toute la nuit à la barre et aux réglages, comme si j'étais en course. Une sensation nouvelle. Et je ne traîne pas. Port-Camargue se dessine devant mon étrave après moins de huit heures de navigation. Un baptême du feu réussi.

L'aventure sur *Handicap* avec Didier, que je revois toujours aujourd'hui, va durer trois ans. Trois ans de découvertes, d'apprentissage… et ma première victoire dans une course de bateaux.

J'ai eu l'écrit du concours d'entrée à l'ÉNAC, l'École nationale de l'aviation civile à Toulouse, mais j'ai raté la deuxième série d'épreuves. Des tests psychotechniques à un rythme d'enfer. Une question par seconde ; j'ai fini par lâcher prise.

Mais rien ne l'arrête, mon père. Il a toujours une solution de rechange, toujours une bonne idée pour que je continue coûte que coûte mes études d'ingénieur. Il a donc trouvé une école à Paris qui propose une formation pour réussir ces tests.

Mais moi, ce que je veux, c'est faire du bateau. Et depuis longtemps. Je me revois encore passer le concours d'entrée à l'École nationale supérieure de la marine marchande à Marseille avant de savoir que j'allais rejoindre maths sup. J'ai réussi ce concours pour devenir capitaine au long cours. Mon père m'avait alors dressé toute la liste des inconvénients : l'éloignement, la difficulté d'avoir une vie de famille… J'ai fini par renoncer.

Après le bac, j'ai donc fait maths sup et maths spé, sur les conseils appuyés du paternel, mais sans pour autant mettre une croix sur la voile, dont je veux toujours faire mon métier. D'ailleurs, j'ai déjà pris les renseignements pour entrer à l'INB de Concarneau, l'Institut nautique de Bretagne qui forme aux métiers du nautisme.

Mon père est alors persuadé, et tous ses copains profs sont d'accord là-dessus, que je ne pourrai jamais concilier mes études de maths et la voile. Il y a bien trop de travail ! Je finirai bien par abandonner le bateau.

C'était sans compter sur ma détermination. Durant mes études, je n'ai jamais manqué un entraînement d'hiver, ni une régate de port, quitte à me priver de manger pour finir mes exercices de maths à temps.

Le plus souvent, j'organisais ma semaine pour être libre le week-end et, le jour venu, je prenais le scooter de ma sœur pour aller chez un cousin à Gardanne, à trente-trois kilomètres, d'où je prenais le train pour les entraînements à Marseille. Le bon élève, sans problème, qui fait ses devoirs tout seul, toujours parmi les premiers de la classe, a donc suivi son petit bonhomme de chemin dans les études sans faire de vagues. Mais c'est fini, je ne serai pas ingénieur. Je ne veux pas d'une année supplémentaire en maths spé, surtout que mes parents sont en train de se séparer. J'ai envie de prendre le large.

C'est un courrier de l'Éducation nationale qui a scellé la rupture entre mes parents, il y a plus de deux mois, quand mon père a obtenu le poste qu'il demandait en Nouvelle-Calédonie. Une région du monde qu'il a connue par le passé pour avoir vécu le premier essai nucléaire aérien sur l'atoll de Mururoa en juillet 1966 pendant son service militaire. Il a terminé comme trompette du 3e régiment mixte du Pacifique.

Avant d'accepter ce poste, il a pris la peine de nous demander notre avis, à ma sœur et moi. J'ai répondu « Vas-y, file. Je serais à ta place, je ferais la même chose », et il m'a serré dans ses bras comme si je lui avais rendu sa liberté. Maintenant, c'est à mon tour de prendre la mienne.

Après ma première victoire à Barcelone, je suis resté sur l'eau tout l'été et je n'ai plus le cœur à m'enfermer à longueur d'année dans une salle de cours. J'ai donc décidé de mettre un terme à mes études d'ingénieur pour passer le brevet d'État de haute mer.

On n'a qu'une vie !

Ma mère a tout de suite donné son feu vert. Pour mon père, en revanche, c'est plus difficile à accepter.

L'orage s'est éloigné de Vauvenargues, et j'ai un pincement au cœur au moment de boucler ma valise. La banquette du salon où on jouait des coudes chaque hiver, le coin cuisine recouvert de classeurs et le petit couloir où on se bousculait dans le noir tous les matins... Des images me reviennent. Des images de ces huit années passées dans notre mobil-home. J'ai la gorge serrée au moment de le quitter pour la dernière fois, la toute dernière fois.

Ma nouvelle vie commence dans un appartement-hôtel de Montpellier. Deux mois. Le temps de passer le tronc commun du brevet d'État. Sortant de maths spé, tout me paraît facile, et je prends le temps d'apprécier la ville avant de rejoindre la base des Glénans de Marseillan. Une base un peu perdue, coincée sur un triangle de terre, entre l'embouchure du canal du Midi et l'étang de Thau.

J'habite Marseillan-Plage. L'hiver, on se croirait dans un décor de film américain avec le mistral et les morceaux de buissons qui roulent sur les parkings recouverts de sable. Comme au lendemain d'une guerre, on ne croise personne dans les rues, sauf les Glénanais qui profitent des locations à très bas prix. C'est presque gratuit à cette époque de l'année. J'en ai profité pour prendre un appartement que je partage avec un skipper de trente-cinq ans qui travaille dans une société de location de bateaux de luxe aux Antilles.

Pour rejoindre la base ou, dans l'autre sens, aller à Marseillan, il faut traverser le canal à la godille. Chaque fois, c'est la course, et je ne suis pas le dernier. Pareil, sur l'eau, quand je navigue avec les stagiaires. Je pousse comme un fou sur les bateaux, ce qu'on me reproche parfois de retour à la base. J'ai aussi repris la natation au Club de Marseillan et je nage avec des gamins de douze ans parce que je suis le seul mec de dix-neuf ans qui demande des entraînements compétition. J'ai attaqué la brasse et le 200 mètres quatre nages, où je finis par taper d'excellents chronos autour des deux minutes et trente secondes.

Marseillan, c'est aussi là que je rencontre ma première copine lors d'un stage, juste avant de finir le brevet d'État habitable. Fanny, une Aixoise qui n'était pas ma stagiaire ; l'honneur est sauf. J'ai commencé tard, mais je trouve ça génial d'avoir une petite amie.

Je conclus mon brevet d'État fin juin 1993 par deux semaines de stage à Marseille sur un Sélection avec un public de handicapés psychomoteurs. Avec ce diplôme, j'obtiens mon premier job dans une boîte de Port-Camargue, où j'encadre des stages de voile au large ou côtiers. Quand il n'y a pas de stagiaire, je pilote la navette à moteur pour traverser le port.

Dans ce boulot, on me confie aussi un bateau pour défendre les couleurs de la société qui m'emploie dans une régate à Aigues-Mortes. C'est la première fois qu'on me paie pour diriger un équipage en course..., et on gagne dans la formule Sprint face à la star locale, le vainqueur de la Solitaire du Figaro 1987, Jean-Marie Vidal, un ami des patrons.

— Faut rentrer à terre, faut rentrer à terre.

De retour de Minorque, dans les îles Baléares, l'un de mes six stagiaires est soudain pris de panique. La tramontane s'est levée d'un seul coup au passage du cap de Creus, dernier contrefort des Pyrénées-Orientales, qui se jette dans la Méditerranée. Les rafales dépassent 40 nœuds. Les vagues recouvrent le pont du bateau, et le stagiaire hurle de peur.

J'ai demandé un peu de calme. Crier ne nous fera pas rentrer plus vite à Port-Camargue. Ce qu'ils ne savent pas, c'est que la batterie vient de tomber en panne. Je me suis bien gardé de le leur dire. Je sais que la mer ne fait pas de cadeau à cet endroit. Et moi non plus, je n'en mène pas large. La galère n'est pas loin, mais je ne montre rien. C'est l'occasion ou jamais de mettre en pratique ce que j'ai appris aux Glénans.

J'ai donc sorti le compas de relèvement afin qu'on ne se jette pas dans la gueule du loup, abaissé les manches du ciré et serré les dents pour sortir de la baston. À notre arrivée en pleine nuit à Port-Camargue, celui qui avait crié toute sa peur me dit que j'ai bien assuré. Je réponds par un sourire.

Merci pour le compliment, mais j'ai tout simplement réagi à temps pour ne pas que la situation se dégrade et devienne trop périlleuse. Quand je vois l'état de certains bateaux encore aujourd'hui, je me demande par quel miracle ceux qui naviguent dessus ne sont pas déjà morts dix fois ! Cette nuit, nous étions loin de tout ça malgré l'effroi des premières minutes.

Je n'ai plus de doute désormais sur la suite que je veux donner à ma carrière, et mon père s'est fait une raison : je n'irai pas à l'Université de Southampton pour devenir architecte naval comme il me l'avait fortement suggéré avant de s'envoler pour Nouméa. J'irai à l'INB, l'Institut nautique de Bretagne, à Concarneau.

Je ne veux pas gagner des millions, je veux seulement vivre de ma passion. Je me dis que tous les autres gars de maths spé vont bientôt devenir les cadres supérieurs des plus grandes entreprises françaises. Moi, je veux être un futur cadre supérieur des Glénans.

IV

Ma bonne étoile

Je ne sens plus le froid à travers ma combinaison, mais j'en ai marre de me ramasser toutes les trente secondes. À peine debout sur ma planche, je perds l'équilibre. Et quand je réussis par miracle à lever la voile avec mes bras de crevette, je tombe à l'eau avant de pouvoir saisir le wishbone. Je leur avais dit, pourtant, que je ne connaissais rien à la planche à voile.

Les profs voulaient voir. Ils ont vu. Je les ai fait rire, c'est déjà ça, seulement c'est la première et dernière fois que je monte sur cet engin de malheur. Je m'énerve tout seul devant mon verre de jus de fruits au comptoir du Hublot, un bar de Concarneau qui donne sur la place du marché face au port. Mais de quoi je me plains ? Je suis là où je voulais aller : l'Institut nautique de Bretagne, dont j'ai réussi le concours d'entrée quatre mois plus tôt.

Nous étions quatre-vingt pour une quinzaine de places avec des épreuves écrites et un entretien de motivation. Un entretien pour lequel je ne craignais personne. Qui d'autre que moi pouvait, en effet, avoir arrêté maths spé pour faire l'INB. Personne.

— C'est quoi, tes points faibles ?

On ne la refait pas à Christian Le Pape, le créateur du Pôle Finistère Course au Large à Port-la-Forêt, responsable de ce fameux entretien de motivation.

Entre l'école de pilote de ligne ratée d'un cheveu un an plus tôt et l'Institut nautique de Bretagne, le fossé était bien trop grand à ses yeux. Je devais cacher quelque chose. Peut-être une faille personnelle…

— J'ai du mal à analyser les gens autour de moi, quand on travaille en groupe. J'ai peur d'être déçu.

Je n'en ai pas dit plus, et c'est à croire que cette école était faite pour moi. On a commencé par une semaine d'intégration avec du kayak de mer à Bréhat avec l'ensemble du groupe et les profs. Histoire de mieux se connaître.

Dans cette école, on apprend à devenir un bon chef d'entreprise dans le milieu nautique, de la fabrication de la résine pour les bateaux jusqu'aux bilans comptables d'une école de voile. On a même créé, en binôme, une entreprise virtuelle, et un logiciel nous dit si on fait ou non les bons investissements. Et ça démarre plutôt fort pour ma petite entreprise. Le tiroir-caisse sonne souvent.

Le bar du Hublot, c'est à cinq minutes à pied. C'est là que je me retrouve certains soirs de la semaine avec les copains de promotion pour parler bateau, refaire le monde autour d'un demi de bière. Sauf ma pomme qui ne boit que des jus de fruits.

Je me suis installé dans un studio en bord de mer, à moins de cent mètres de l'école. Un petit meublé que je dois quitter en juin parce que les prix flambent quand les beaux jours arrivent. Mais j'ai le temps de voir venir. J'ai aussi trouvé un embarquement à Port-la-Forêt. Je navigue le week-end sur un Jod 35, le nouveau bateau du Tour de France à la voile. Décidément, ça me poursuit. Un bateau dont l'équipage a eu vite fait de me trouver un nouveau surnom. Ce n'est plus la « crevette », mais le « Méditerranéen » ou le « sudiste ».

Je ne traîne pas ce soir au Hublot, car je dois mettre la dernière main à mon dossier d'inscription pour participer au prochain Challenge Espoir du Crédit Agricole.

C'est un gars de la bande qui m'en a parlé pas plus tard qu'hier matin. Ce challenge réservé aux jeunes Finistériens de moins de vingt-cinq ans offre à son vainqueur une saison de courses sur un First Class Challenge, avec en prime cette année la Solitaire du Figaro.

J'ai vingt ans et je vis à Concarneau depuis début septembre. Je suis donc dans les clous, mais je ne me fais pas beaucoup d'illusions. Des garçons comme Ewen Le Clech ou Ronan Lucas, que je croise sur les pontons de Port-la-Forêt, qui ont fait la Mini Transat et qui possèdent déjà des CV longs comme le bras, seront certainement candidats, si ce n'est pas déjà fait. Et mon parcours ne pèse pas bien lourd à côté du leur.

Effectivement, il n'y a pas de miracle. Tous ceux dont les noms revenaient régulièrement dans les discussions au bar de la Hune, à Port-la-Forêt, sont retenus pour les épreuves de sélection qui doivent se tenir les deux derniers week-ends de novembre.

Tous des gars qui ont pignon sur rue ici. Des gars qui naviguent entre autres avec Jean Le Cam, l'une des grandes figures locales, ancien équipier de Tabarly, deux fois champion du monde de formule 40 et recordman de l'Atlantique en 1982.

Malgré la déception, je ne suis pas amer. Pas du tout. Sur le papier, il y avait trop de différence. Et puis, je ne suis pas le seul à avoir été recalé. Sur trente et un candidats, ils n'en ont gardé que dix. Alors, je me promets de recommencer l'année prochaine. Je me dis que mon heure viendra.

Une heure qui arrive plus vite que prévu, à la nuit tombée et sous un froid glacial. Pas de Hublot ce soir. La plupart des gars sont repartis dans leur famille pour le week-end. J'hésite entre un cinéma et un plateau-télé quand le téléphone se met à sonner.

— Bonjour, Franck, c'est Christian Le Pape du Centre de Port-la-Forêt. Tu me remets ?

— Oui, bien sûr !

— T'es dispo pour courir le Challenge Espoir demain ? Une place vient de se libérer, et elle est pour toi puisque tu es le premier nom sur la liste d'attente.

Je me pince pour y croire. Bien sûr que je suis « dispo ».

Finalement, il n'y a ni ciné ni plateau-télé. Ce soir, je me couche de bonne heure pour être au meilleur de ma forme le lendemain matin.

Ma sélection de dernière minute tient presque du miracle. Je la dois au désistement de Jean-Marc Failler, qui a renoncé au Challenge Espoir pour faire le convoyage retour du bateau de son ami Vincent Riou. En effet, Riou a abandonné dans la première transat Jacques Vabre entre Le Havre et Carthagène.

Cette sélection est donc un incroyable et formidable cadeau de Noël avant l'heure. Je suis très impressionné à l'idée de naviguer pour la première fois sur un monotype Figaro. Et tout ceci sous l'expertise de Jean Le Cam, président du jury, qui totalise déjà sept victoires d'étape dans la Solitaire du Figaro.

Il y a également Roland Jourdain, troisième au général l'an passé. Je sais aussi que je ne fais peur à personne. Personne ne m'attend, en effet. Je ne suis que le onzième homme. D'ailleurs, à la Hune, on lance déjà les paris sur François Robert, déjà finaliste l'an passé, Ewen Le Clech, de Carantec, que je considère personnellement comme le candidat le plus sérieux. Il y a encore Philippe Laot, l'un des protégés de Jean Le Cam. Pour une immense majorité, le Challenge Espoir ne peut pas leur échapper. Franck Cammas ? Qui ça ? Ah oui, le petit dernier qui vient du Sud. Je ne fais vraiment peur à personne.

Les épreuves éliminatoires se jouent sur deux week-ends avec deux équipages de cinq désignés par tirage au sort. Un membre du jury prend place à bord de chaque bateau pour noter le savoir-faire des candidats qui tournent à tous les postes : la tactique, l'organisation, les réglages, à la manœuvre et à la barre. Le but du jeu, c'est d'aller mieux et plus vite que l'autre bateau entre trois bouées ou sur des parcours côtiers.

Il n'y a pas que la technique qui est prise en compte. Le jury note également le comportement des skippers entre les forts en gueule qui parfois en rajoutent pour faire bonne impression et les plus timides qui feraient mieux de la ramener plus souvent. Sur le premier week-end d'éliminatoires dans un froid glacial, je m'efforce de garder mon calme pour donner les consignes et barrer le plus proprement possible un bateau que je ne connais pas.

Et tout cela sous les yeux de Jean Le Cam, assis à l'arrière, sans dire un mot de la journée. Ce qui met forcément un peu plus la pression.

À la tactique, je profite de mon expérience du dériveur pour virer deux fois devant les autres et sans doute marquer des points.

Enfin, je l'espère. Et puis, sur *Handicap*, j'étais numéro un, donc à l'avant je mouille le maillot et, quand je bouge, je suis efficace… Si bien qu'à la fin de ces deux premiers jours d'épreuve, je crois encore à ma bonne étoile.

— Dis, Franck, c'est bien, ce que tu fais sur l'eau, mais, si tu vas en finale, tu fais comment avec ton école ?

Christian Le Pape a demandé à me voir cette semaine, mais je m'attendais à tout sauf à ça. Ma belle étoile continue donc de briller. Je suis plus que jamais dans la course pour la finale ; sinon, pourquoi me poser la question ? Sous le coup de l'émotion, j'ai bredouillé que, le moment venu, je verrais cela avec les professeurs de l'INB. Le week-end suivant, une fois de plus, mes adversaires se moquent de ma combinaison complète bleue et fuchsia, limite fluo. Je ne relève pas.

Facile de porter le dernier ciré à la mode quand c'est le sponsor qui paie. Ce qui m'importe surtout, c'est de savoir que Jean Le Cam me choisit dans son équipage pour le dernier jour des éliminatoires. Ce que je prends comme une marque de reconnaissance.

Heureusement qu'à ce moment, je ne connais pas la note de mes équipiers. C'est l'une des originalités du Challenge Espoir. Il n'y a pas que le jury qui évalue les candidats. Les membres des équipages se notent aussi mutuellement, et, ce que je peux dire aujourd'hui, c'est que mes petits camarades de jeu ne me font pas de cadeaux. Mais alors, pas du tout.

À leurs yeux, je suis juste l'un des deux plus mauvais. Avant-dernier ou dernier, je ne sais pas. C'est ce qui correspond d'ailleurs à ce qu'on entend dans les bistrots. Mais je ne leur en veux pas.

Ils doivent se dire « Faut noter comme le président du jury pour ne pas passer pour un imbécile qui ne comprend rien à la voile. Par conséquent mieux vaut miser sur les valeurs sûres plutôt que sur le petit nouveau de la bande qui n'a, a priori, aucune chance d'aller en finale ».

J'interprète…, mais je réagis quasiment de la même façon en attribuant ma meilleure note au finaliste de la saison précédente, François Robert.

— Les cinq skippers retenus pour la finale sont… et Franck Cammas.

Sur le coup, je vois des visages se décomposer. D'autres hallucinent et se retournent vers moi. Il était prévu au départ de ne retenir que quatre skippers. Nous serons cinq. C'est peut-être moi le cinquième, mais je m'en fous, je vais en finale. Ma bonne étoile. Je suis sur un petit nuage. Ce qui me touche le plus, à ce moment-là, c'est de constater qu'il n'y a pas de copinage chez les marins de la « vallée des fous ». Jean Le Cam, Roland Jourdain, Christian Le Pape et Véronique Melquiond, qui composent le jury, ont beau connaître tous les autres gars dix fois mieux que moi, ils n'ont pas noté à la gueule du client, mais sur les compétences. C'est cette impartialité qui me vaut d'être retenu pour la finale. Une finale prévue initialement du 20 au 23 décembre et reportée d'une semaine à cause du mauvais temps.

Du coup, j'annule ma semaine de vacances à Vauvenargues et je reste en Bretagne pour Noël. Pendant que les autres passent leurs journées à bouffer des conneries, moi je m'entraîne. Du footing le matin et trois sorties en solitaire dans la baie de Concarneau. Je suis d'ailleurs le seul sur l'eau ces jours-là.

Je ne fête pas mes vingt ans le 22 décembre. Et ma soirée de Noël, trois jours plus tard, je la passe tout seul chez moi devant la télé… à me préparer mentalement. J'oublie que c'est Noël. Ce qui compte le plus, c'est cette finale, juste avant le Nouvel An. Une finale qui se joue sur trois jours, au meilleur de vingt régates en un contre un sur des parcours bananes, entre deux bouées.

C'est très serré dans les premières manches courues par petit temps et dans le froid. Puis le vent monte jusqu'à 25 nœuds, rendant les manœuvres de plus en plus difficiles et périlleuses en fin de journée. Je profite d'ailleurs d'une vague plus grosse que les autres pour empanner devant mon adversaire et remporter une manche qui semblait pourtant perdue d'avance.

Le premier soir de cette finale, je suis en tête avec deux victoires à égalité avec François Robert. Ce soir-là, on me rapporte que j'ai marqué les esprits, dans le bateau jury, avec cette manœuvre venue de nulle part.

Le vent continue de souffler fort en cette fin de décembre 1993, et tout se joue le dernier jour, à la dix-neuvième manche sur un total de vingt. Dans un ultime match contre ce même François Robert.

Nous sommes alors trois à égalité avec cinq victoires chacun : Ewen Le Clech, Philippe Laot et moi. Une nouvelle victoire et je décroche le Challenge Espoir. Un dernier match… que je remporte de justesse. J'exulte !

Quel scénario ! Il y a un peu plus d'un mois, personne n'aurait misé un centime sur le petit dernier de la bande, dont le dossier n'avait même pas été retenu en commission. Et voilà que le petit dernier de la bande va courir la Solitaire du Figaro 1994. J'ai désormais un salaire, un bateau et du temps pour naviguer. C'est top ! Le sudiste a gagné en Bretagne, mais personne ne le sait encore sur les bords de la Méditerranée, excepté mes parents. Le sudiste a gagné en Bretagne, mais il doit encore faire ses preuves…

Et ça démarre mal ! Quel idiot !

Je suis la risée de tout Port-la-Forêt ce matin, avec mon bateau planté dans la vase dans le virage juste après les pontons. Je l'ai pris trop large, le virage, là où il y a le moins d'eau. Et quand la mer descend, on s'en rend compte tout de suite. J'en ai au moins pour trois heures avec le *Crédit Agricole* en travers du chenal, juste devant la Hune, et je sais de quoi ils parlent, là-haut sur la terrasse.

Les sudistes qui ne connaissent rien aux marées… Je connais l'histoire. Combien de fois je l'ai entendue ! Mais là, c'est moi, le couillon. Le nouvel espoir de la voile finistérienne, et je n'en suis pas fier. Il va vraiment falloir que je fasse mes preuves.

En attendant, je bricole comme un fou à bord de mon bateau. Comme j'ai été à bonne école, je démonte des pièces et les remonte pour comprendre comment elles fonctionnent et pouvoir mieux les réparer si elles cassent. Michel Desjoyeaux, vainqueur de la Solitaire du Figaro en 1992 et dont le papa est notamment le cofondateur de l'école de voile des Glénans en 1947, me donne aussi un coup de main de temps en temps. Et c'est efficace. Il réalise en cinq minutes ce que je mets des jours à terminer.

Ma famille de « voileux » s'agrandit. En semaine, je m'entraîne avec Jean Le Cam et Michel Desjoyeaux. Le dimanche, je gagne des régates avec Ronan Lucas et Charles Caudrelier, qui font partie de mon équipage. Je passe tout mon temps ou presque sur l'eau pour préparer le *Skipper Elf.*

Cette course se dispute en deux parties, une première en solitaire que je remporte, et la deuxième en équipage lors du Spi Ouest-France.

Au bout, c'est à nouveau un bateau pour la saison suivante, et je bénéficie du soutien complet du Pôle Finistère Course au large de Port-la-Forêt, qui demande à Jean Le Cam et Michel Desjoyeaux de naviguer avec moi pour gagner le Spi Ouest-France. Quel honneur !

C'est la première fois qu'ils sont réunis sur un bateau de course, et la photo vaut son pesant d'or. L'histoire est d'autant plus belle que c'est de manière complètement désintéressée que Jean et Michel m'aident à obtenir ce nouveau bateau, alors que je serai leur adversaire dans un très proche avenir. Mais la belle histoire aurait pu s'arrêter quelques semaines plus tard sur une navrante maladresse.

— C'est quoi, ce bordel ? Tout le monde est parti !

Je n'en crois pas mes yeux ce matin-là dans le port des Sables-d'Olonne, où je dispute la course de l'EDHEC sous les couleurs de l'ESC Brest avec Nicolas Bérenger. La veille au soir, personne n'a vu le changement de programme et, à notre arrivée, tous les bateaux sont déjà en mer. C'est donc bel et bien terminé pour nous.

Mais, plutôt que d'attendre bêtement à ne rien faire, nous effectuons le parcours hors course…, quand je vois Michel Desjoyeaux courir vers le bateau à notre retour dans le port des Sables.

— Franck, ça chauffe. Va vite au comité. Il y a un problème !

Effectivement que ça chauffe. Laurent Cordelle, vainqueur de la Solitaire en 1990, réclame contre nous. Il m'accuse d'avoir voulu tricher en coupant l'arrivée sans avoir pris le départ et demande l'application de la règle 69 pour mauvaise conduite notoire. Une règle dont les sanctions vont du simple avertissement à la suspension à vie. L'attaque est brutale. Ça ne rigole pas.

À l'époque, je n'avais pas toutes les ficelles. Quand tu es hors course, tu ne coupes pas la ligne d'arrivée. Et c'est là-dessus que Cordelle s'appuie pour demander ma tête. C'est de la pure méchanceté. Entre les Rochelais et les sympathiques fous de Port-la-Forêt, il y a une saine concurrence sur l'eau, mais parfois, en coulisse, elle devient acerbe.

Je suis la dernière cible de cette guerre des pontons. Cordelle, l'un des monstres sacrés de la voile française à l'époque, entraîneur et membre de l'équipe du challenge Kiss France pour la Coupe de l'America en 1987, est content d'épingler un Breton, même sudiste. Pour me rassurer, Michel Desjoyeaux m'explique que c'est dans son habitude de réclamer et qu'il ne faut pas y voir une attaque personnelle. Mais je l'ai échappé belle.

En coulisse, il se dit que, sans l'intervention de la Ligue de voile de Bretagne, on aurait pu me retirer ma licence et que je suis passé tout près du Conseil de discipline. Ma bonne étoile..., encore.

V

L'apprentissage de la victoire

Je termine le prologue devant Philippe Poupon, et ça suffit presque à mon bonheur à la veille de la première étape de la Solitaire du Figaro 1994 entre Brest et Kinsale. Presque parce que je vais bientôt connaître ma première baston en solitaire en mer d'Irlande.

À l'approche du Fasnet, un rocher à la pointe sud-ouest de l'Angleterre, où quinze marins ont perdu la vie le 14 août 1979 dans une monstrueuse tempête (la plus grande tragédie de la course à la voile), l'eau et le ciel se confondent dans un mélange de gris, mais ce n'est pas le gros temps annoncé. L'anémomètre affiche entre 25 et 30 nœuds ; c'est musclé, mais ça passe. Mon premier souci, c'est qu'à force de vouloir rester au contact, je n'ai quasiment rien mangé depuis le départ et je connais un gros coup de fatigue au milieu de la nuit.

Heureusement, j'ai enfilé ma combinaison de survie dès hier soir pour rester au sec, ce qui me permet de tenir le coup malgré la fatigue. À l'arrivée, je termine quatrième de l'étape, mais les ennuis continuent.

Certains estiment que j'ai triché pour finir à une si belle place pour mes débuts dans la Solitaire du Figaro. Personne n'a porté plainte, mais un des concurrents a demandé au jaugeur de vérifier si l'intérieur de ma combinaison de survie était mouillé.

Il me soupçonne de l'avoir remplie d'eau pour mettre du poids au vent (comme un équipier au rappel). Par bonheur, une photo prise d'un hélicoptère au passage du Fasnet montre que je la porte bien sur moi. Une photo qui me lave de tout soupçon.

Je suis dépité ! Qui m'en veut à ce point ? Je ne sais pas qui peut avoir des doutes sur ma capacité à aller vite avec un bateau. Certainement pas les autres skippers de Port-la-Forêt avec qui je m'entraîne régulièrement. Eux me savent capable d'aller vite sur un voilier rapide. J'ai travaillé pour ça.

Tout l'hiver, je me suis levé aux aurores pour améliorer les performances du bateau. Des détails le plus souvent, des petites touches, des réglages au millimètre, mais c'est la somme de ces détails qui fait la différence et me permet aujourd'hui de rivaliser avec les meilleurs.

Jean Le Cam, qui a gagné l'étape, le sait bien et me félicite à l'arrivée. Christian Le Pape est là aussi. Je fais partie d'un clan qui fait des envieux. Un clan de « voileux » avant-gardistes dans sa façon de préparer les courses. De manière rationnelle en gérant tous les aspects de la performance : le bateau, les voiles, le skipper, la route et la météo.

Parmi les concurrents de cette Solitaire 1994, il y a encore des gens qui aiment l'ambiance « voile aventure » des années 1970. À Port-la-Forêt, c'est déjà la voile de demain. Une voile sportive qui perd un peu de poésie. Mais je ne suis pas là pour faire de la poésie.

— T'as pas un truc dans la quille ?

Philippe Poupon, avec qui je navigue bord à bord depuis des heures, ne me répond même pas. Sans doute parce qu'il partage cette même impression de faire du surplace alors que le vent monte dans la dernière nuit à l'approche de Gijon, terme de la deuxième étape.

Dire qu'en plein milieu du golfe de Gascogne, je viens de m'adresser d'égal à égal à celui dont je découpais encore les photos, il y a moins de huit ans. Des photos de lui que je collais sur le mur du mobil-home, des images que j'ai mille fois regardées, des posters qui étaient pour moi comme un appel au large. Que de chemin parcouru !

C'est aussi d'égal à égal que le héros de ma jeunesse me répond en arrivant à Gijon.

— T'es vraiment un branleur !

Un branleur qui se serait foutu de lui dans la nuit parce qu'il n'avançait pas. Jamais je n'aurais osé.

J'aurais mieux fait de me taire...

Jean Le Cam, vainqueur des deux premières étapes, remporte sa première solitaire à Port-Bourgenay, en Vendée, dans un final à suspense contre Marc Thiercelin qui gagne l'étape. De mon côté, je termine sixième au général et premier bizuth… devant Philippe Poupon qui, heureusement, ne m'en veut plus pour le « truc dans la quille ». C'est la fête à Port-la-Forêt.

Ma deuxième solitaire, je la démarre bien. On est partis d'Arcachon pour Kinsale, et j'attaque la première nuit de course dans le groupe de tête.

Un an a passé depuis ma première place de « bizuth ». J'ai pris de l'assurance, je me suis fait une petite réputation. Je n'ai donc plus le même statut. Je fais partie désormais des prétendants au podium. Mais, en cet été 1995, il y a encore du beau monde au départ de cette course mythique, avec Jean Le Cam, Alain Gautier, l'éternel Philippe Poupon et le retour de Michel Desjoyeaux.

Partie de la côte aquitaine, la flotte ralentit à l'approche de la Bretagne. Les risées se font de plus en plus rares, et la nuit risque d'être longue, très longue. Surtout dans l'excitation du départ, où il est toujours difficile de trouver le sommeil.

J'ai la chance d'avoir fait beaucoup de sport très jeune (merci, papa, merci, maman), ce qui a renforcé mes capacités d'endurance. Je n'ai pas besoin de dormir énormément pour être en forme. C'est un atout ! Ma force !

Bercé par le clapot, je décide néanmoins de fermer les yeux une petite heure. Mais je le regrette presque à la lecture des classements du matin. Quel culot, ce Philippe Vicariot !

L'ingénieur de chez Thomson, un pur amateur, est parti plein ouest sans rien dire à personne et nous met cinq milles dans la vue toutes les heures. Le plus inquiétant, c'est qu'il n'est pas le seul à avoir senti le bon coup. Philippe Poupon, aussi, a pris la première à gauche. Et, vu le métier du Bigouden, on se dirige vers un massacre !

Port-la-Forêt fait la grimace.

Une vilaine grimace, car c'est bien toute son approche « scientifique » de la course qui est balayée par ce coup de poker. L'école de Port-la-Forêt préconise en effet de rester sur une route médiane, une route classique quand on est confronté à un vent erratique. Cela donne généralement de bons résultats, mais ce ne sera pas pour cette fois puisque les écarts grandissent au fil des heures.

L'atout de Philippe Vicariot, en plus de ses qualités de marin, c'est d'être parti de derrière et que l'on ne note pas tous les bateaux sur nos cartes quand les pointages en longitude et latitude tombent à la radio. Avec cinquante bateaux, cela prendrait trop de temps. On ne prête qu'aux riches, à ceux qui sont déjà devant..., pas au vingtième ou au trentième qui s'écarte de la route en début de nuit. C'est pourquoi personne n'a rien vu venir. Excepté Philippe Poupon, qui sait mieux que personne explorer une carte et naviguer au feeling. Je me console donc en disant que je suis encore avec de sacrés skippers et, de toute façon, la téléportation n'existe pas, même sur un bateau. Alors, j'essaie d'être le premier de mon groupe… autour de la ligne médiane.

À l'arrivée à Kinsale, les jeux sont faits ou presque. Philippe Poupon, l'homme à la casquette rouge, remporte l'étape avec près de huit minutes d'avance sur Philippe Vicariot. Mais les écarts avec le reste de la flotte sont gigantesques, et mon rêve de podium s'évanouit.

Je compte douze heures de retard. Il y a désormais deux courses : une entre les deux premiers pour connaître le vainqueur de la Solitaire du Figaro 1995, et le match pour la troisième place.

J'ai bien navigué et je suis aux pâquerettes. C'est rageant ! Prendre une route complètement à l'écart d'un groupe où il y a plusieurs cerveaux qui réfléchissent en même temps, c'est jouer à la roulette russe. Et quand tu mènes facilement le jeu, sans trop forcer et c'est notamment le cas des gens de Port-la-Forêt, pourquoi prendre un tel risque ? C'est insensé.

C'est vraiment rageant ! Surtout que je commence à bien organiser ma course. Je mange régulièrement pour ne pas être en hypoglycémie comme trop souvent l'année dernière. Sur les conseils de Michel Desjoyeaux, je pique un premier roupillon juste après le départ, quand il ne sert à rien de vouloir gagner dix mètres, tous les uns à côté des autres. C'est le dernier jour qu'il faut être au taquet.

Et je le suis, au taquet, dans la dernière étape entre Gijon et Brest, quand je passe le raz de Sein en tête. Avec la bascule, moi devant qui avance, et tous derrière qui reculent, c'est la victoire assurée. Malheureusement, je suis aspiré par la renverse du courant, et il faut tout recommencer à zéro.

1. Philippe Poupon
2. Philippe Vicariot
3. Jean Le Cam

Je termine finalement à la quatrième place de cette vingt-sixième Solitaire du Figaro. Au pied du podium. Déçu, mais pas abattu. S'il n'y avait pas eu ce coup de Jarnac de la première étape…

Ce sera pour la prochaine fois.

— Garde… à… vous !

Mains plaquées, bras tendus contre le flanc des cuisses, jambes droites, pieds serrés, talons joints et tête en avant légèrement relevée. Je réponds parfaitement aux ordres. Mais, selon le chef, il y a toujours un problème d'alignement. Comme d'habitude, ça glousse dans les rangs !

— Repos… Garde… à… vous !

Ce matin encore, on a énervé le petit sergent à la voix cassée. On risque de le payer. C'est sûr, il va nous faire faire du rab de garde-à-vous au milieu de la cour. Après, on doit filer au pas de tir.

Ce qui ne m'amuse pas davantage. Et je ne suis pas le seul dans cette promotion du bataillon de Joinville que j'ai rejoint juste après ma quatrième place dans la Solitaire du Figaro

Je me retrouve avec Miguel Martinez, champion d'Europe junior de VTT qui prépare les Jeux olympiques de 1996, Carlos da Cruz, un autre jeune cycliste professionnel.

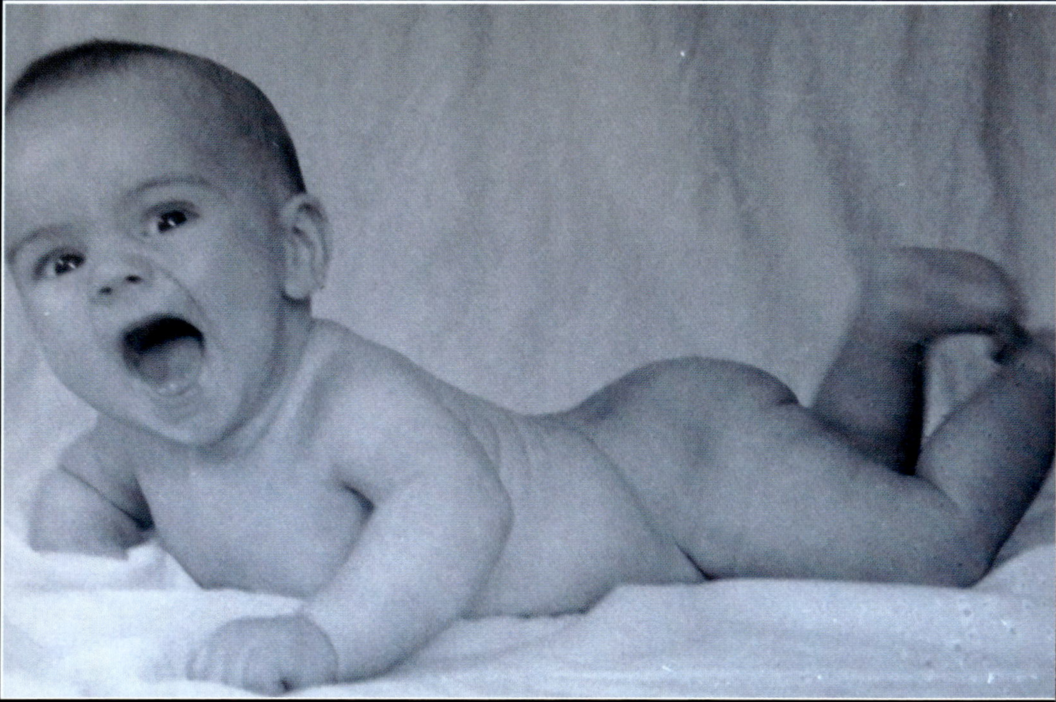

A six mois…et un brin potelé, j'en ai,
visiblement, assez de cette séance photo !

L'air ailleurs, comme ma sœur Agnès, je biberonne sur les marches
de la petite maison familiale de Frazione-Villaretto en Italie

Au printemps 1983, je relis pour la troisième fois
Le tour du monde de Pen Duick VI d'Eric Tabarly.

A dix ans, j'aide ma mère à désoperculer
les cadres de miel des ruches de Vauvenargues.

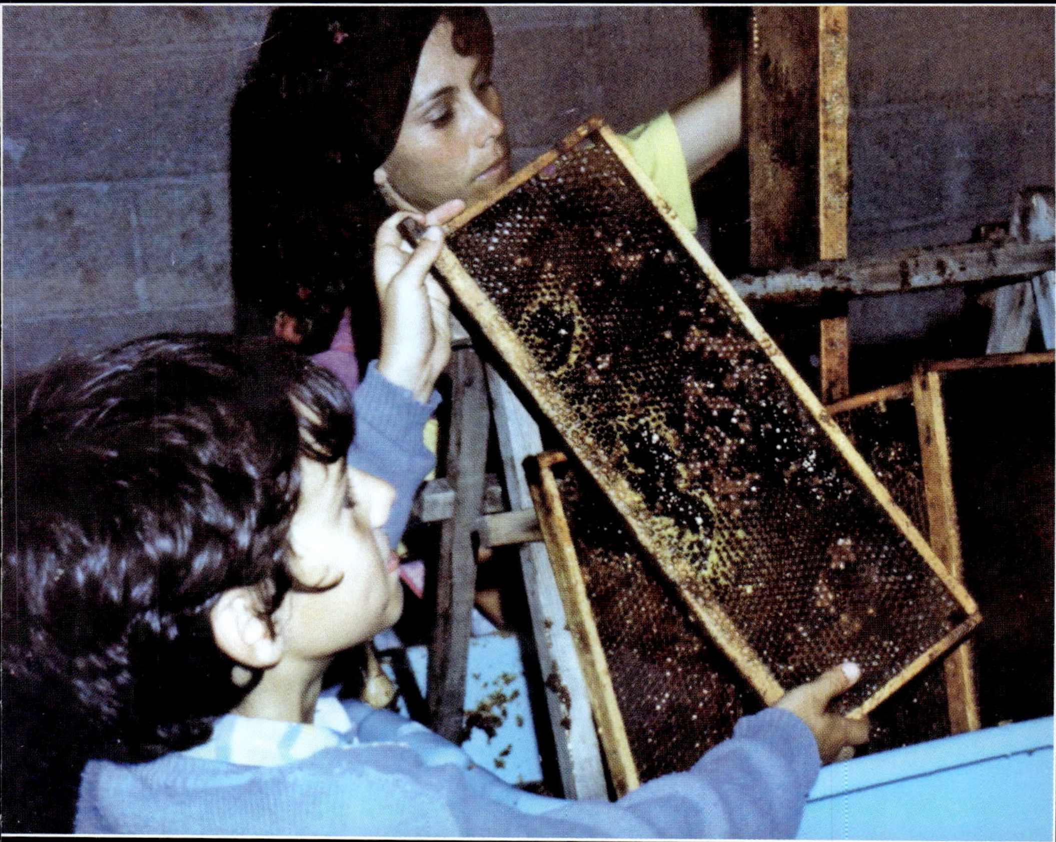

Après les exercices de Math Spé, je quitte le mobil-home de Vauvenargues pour un week-end de régates sur *Handicap*.

Août 1992, en route pour la Corse, je sais désormais que mon avenir se dessine à la barre d'un bateau.

Groupama

A l’arrivée du Trophée Jules Verne en 2010.

Avec le trophée du vainqueur du Volvo Ocean Race.

SLAM
Groupama

Dans le port de Galway (2012).

Parrainé par la Fondation Groupama pour la santé et l'Association Petits Princes, Arthur a rencontré son idole de toujours (2012).

HARKEN

Avec Michel Desjoyeaux et Olivier de Kersauson, réunis pour le team France qui participera à la prochaine édition de l'America's Cup en 2017.

TEAM
Groupama
Groupama

Il y a aussi Fabrice Santoro, né comme moi en décembre 1972, vainqueur de la coupe Davis en 1991 avec Yannick Noah et qui occupe le quarante-septième rang à l'ATP.

C'est la star de la promo et, pour celui qui court la planète en gagnant des millions de francs, c'est insupportable de dormir à la caserne, à dix dans la même piaule. Ceci étant, avec ses tournois partout à travers le monde, on ne le voit quasiment jamais !

Je n'ai pas les mêmes a priori que le champion de tennis. Huit ans dans un mobil-home, ça enseigne l'humilité ! Et le campement à la caserne me rappelle certaines bases des Glénans, l'uniforme en moins.

En outre, le bataillon de Joinville ne dispose pas d'un centre d'entraînement voile. Donc, je serai libéré assez vite après mes trois semaines de classes pour être détaché au centre de Port-la-Forêt. Retour à la case départ, la boule à zéro en plus.

À côté de moi, toujours au garde-à-vous, il y a des grands qui font du basket, des petits qui font de la boxe. Une drôle d'armée, dont le seul point commun, c'est de faire du sport de haut niveau et de courir vite, ce qui peut toujours servir en cas de guerre.

La seule chose qui me plaît vraiment ici, ce sont les marches de nuit dans la forêt, sans lumière. Je ris moins quand il faut jouer à la guerre avec un fusil. Je trouve l'exercice désuet et particulièrement ridicule.

Je me souviens que Fabrice Santoro a fait un passage éclair, car il déprimait à l'idée de passer plus d'une nuit au bataillon. C'est comme Florian Rousseau, déjà double champion du monde du kilomètre en cyclisme sur piste et qui préparait les Jeux d'Atlanta. Le temps de claquer un garde-à-vous, et je ne l'ai plus revu à la caserne. Ceux qui sont restés le plus longtemps avec moi, c'est Martinez et Da Cruz. Tous les matins, ils roulaient cent kilomètres pendant qu'on se tapait les montées de drapeaux et les cours de l'armée.

Mais voilà : désormais, les classes sont finies, et je retrouve mon petit meublé de Concarneau pour finir mon service militaire à Port-la-Forêt. Il ne reste plus que les gardes à la caserne. Histoire d'en faire le moins de possible, je choisis celles qui comptent triple ou quadruple, celles que personne ne veut, comme à Noël. De voir ou non ma famille à Noël m'importait peu. Et en prime, je n'ai pas eu à me casser la tête pour les cadeaux.

VI

À l'assaut des océans

Ce n'est pas du tout la course que j'imaginais. J'avais prévu un bermuda de plage pour les grosses chaleurs et je moisis depuis deux jours dans ma combinaison de survie. Je rêvais de belles glissades sous spi dans les alizés avec mes lunettes de soleil sur le nez et je me retrouve tête baissée contre le vent pour éviter les vagues sous un mauvais ciel breton. Les Antilles sont encore loin, sur la carte et dans les faits !

À preuve, on misait sur l'anticyclone des Açores, et c'est une dépression monumentale qui nous barre la route dans cette deuxième étape de la Transat AG2R, ma première course transatlantique que j'ai, en cette année 1996, choisi de courir avec le Quimpérois Jean-Luc Nélias.

Jean-Luc, c'est presque l'équipier naturel et idéal. Il s'entraîne à Port-la-Forêt, il connaît bien le monotype Figaro et il a participé aux deux premières Lorient-Saint-Barth avec, à la clef, une troisième place en 1992 alors qu'il était associé à Roland Jourdain. Comme je cherchais un coéquipier d'expérience et qu'il n'avait pas de sponsor, je lui ai proposé de me rejoindre sur mon *Skipper Elf*. J'avais besoin d'un marin d'expérience, car je n'ai jamais été plus loin que le golfe de Gascogne. Le cap Finisterre, les côtes portugaises, les alizés, tout cela m'est inconnu ! C'est aussi la première fois que je vais passer plus de cinq jours de course en haute mer. J'attends donc de lui qu'il m'apprenne, qu'il m'enseigne les choses du large que j'ai encore à emmagasiner et qu'il anticipe mieux. En particulier, la météo. Moi, je découvre.

Seulement là, au cœur de l'Atlantique, depuis deux jours, c'est pénible et ingrat. On se relaie toutes les deux heures sans dire un seul mot. Sans plaisir. Quand l'un prend la barre, l'autre va dormir.

Mais dormir est un bien grand mot quand il faut se plonger dans l'humidité et le froid. Il y a de l'eau dans le fond du bateau, une eau qui clapote en permanence. Pas moyen non plus de faire chauffer les aliments, car le voilier bouge trop. Alors, on mange comme des animaux : en piochant dans les boîtes de conserve ouvertes. Quelle galère ! Quelle image !

Vu les conditions, je glisse ma dernière invention dans une petite boîte étanche : une calculette Texas Instrument dans laquelle j'ai entré un petit programme fait maison pour calculer la distance entre deux points à partir de la latitude et la longitude.

On peut aussi trouver la force du vent en fonction de la latitude et de l'écart entre les isobares à partir des fichiers météo. Pour arriver à cette trouvaille, j'ai dû ressortir mes cours de maths spé. Ça avait occupé mes longues soirées d'hiver à Concarneau.

Avant cette grande lessive des alizés, nous étions en deuxième place à Madère, derrière les frères Poupon. Logique ! Lucky et surtout Philou sont des as ! Et les coups de patte météo du cadet sont toujours aussi fulgurants. Ce n'est plus une légende ! Mais, avec Jean-Luc, je me suis bien rattrapé, et on possède désormais une belle avance à la sortie de cette vilaine dépression.

On en a pris, des vagues dans la gueule, pour en arriver là. Ni l'un ni l'autre n'a ménagé ses efforts, mais la vie à deux sur un bateau de course, c'est plus complexe que la lecture d'un classement.

Et tout cela n'est pas écrit dans les manuels de voile. Il faut composer avec le caractère et les suggestions ou interrogations de l'autre. On y va ou pas ? C'est la question qui se pose depuis le dernier fichier météo. Nous sommes devant, mais un peu plus au nord, et les autres concurrents commencent à faire leur retard. Alors ? Il faut peser, soupeser, choisir, trancher. Est-ce qu'on reste sur notre route ou doit-on se recaler devant la meute ? Toute la question est là, souvent la même ! Entre appréciations et certitudes ! C'est là toute la difficulté.

Les frères Poupon sont lâchés depuis Madère, et c'est désormais la victoire à Saint-Barth qui se joue. Alors ? Qu'est-ce qu'on fait ? On reste patients parce qu'il est possible de faire route directe ou on tourne à 90 degrés pour toucher le vent des alizés qui revient par le sud ? Et sur combien de temps ? Une ou deux heures ? Le temps de se recaler ? Plus encore ? La vie d'un skipper est pleine d'interrogations. Et à deux, ça complique forcément les choses.

Nous avons passé près d'une demi-journée à en discuter sans parvenir à nous mettre d'accord. Pour Jean-Luc, il faut tourner. Les autres vont suivre, et on sera toujours devant. Par pragmatisme, j'ai plus de doutes sur la réaction du peloton. Mais c'est ma première Lorient-Saint-Barth. Son expérience fait autorité. On entame donc le virage.

Dans notre descente, on croise effectivement devant l'avant-garde du peloton. Mais personne ne suit ...et quand on retouche du vent, c'est trop tard. La veille au soir, on comptait dix milles d'avance. Ce matin, on se retrouve deuxièmes, avec dix milles de retard sur Alain Gautier et Jimmy Pahun qui barrent *Brocéliande*. Fait chier !

Pas très fier de son coup, Jean-Luc m'explique alors que tout n'est pas fini ! Que le retour du vent par le sud, dont on sera les premiers bénéficiaires, nous permettra, à coup sûr, de repasser devant. Le vent lui a donné raison, mais pas la suite de l'histoire, malheureusement.

Au départ, je pensais que, naviguer à deux, c'était plus coulant qu'en solo. Ce n'est pas toujours vrai. Des divergences de vues peuvent plomber l'ambiance surtout quand il y a une décision difficile à prendre sans la réussite au bout.

Je ne peux pas en vouloir à Jean-Luc, qui avait d'excellentes raisons de choisir cette option à ce moment-là de la course. Sa stratégie aurait pu tout aussi bien être la bonne.

Ça se joue au degré de prise de risque et ce n'est pas toujours rationnel. Sa seule erreur, c'est d'avoir poussé le curseur trop loin. La mienne, c'est de ne pas lui avoir dit stop.

Je ne sais pas encore imposer mon autorité de skipper.

Nous terminons finalement troisièmes de cette transat, une place sur la troisième marche du podium qui me laisse un goût amer, mais qui au final renforce mes convictions : je sais désormais ce qu'il va falloir que je travaille ; je sais aussi que naviguer seul est une chose, en équipage, c'en est une autre.

C'est donc empli de cette nouvelle expérience que je me lance sur une nouvelle édition de la Solitaire du Figaro, dont le départ est donné de Perros-Guirec. Cette vingt-septième édition s'annonce pour le mieux, d'autant que, dès la deuxième étape, je prends le temps de compter une dizaine de petites boules de coton au-dessus des îles Scilly. Je ne me rappelle pas avoir vu Bishop Rock dans un aussi bel écrin. Du bleu partout. J'en arrive même à me demander si nous sommes bien au large de la pointe sud-ouest de l'Angleterre.

Partie de Howth, dans la banlieue de Dublin, cette deuxième étape de la Solitaire du Figaro 1996 nous conduit à Saint-Nazaire, dans l'estuaire de la Loire, entre la baie de La Baule et la côte de Jade. C'est sans doute ce qui explique pourquoi la course prend un air de vacances aujourd'hui. Toute la flotte est au contact et on tricote sous spi sur une mer d'huile.

On ne dépasse pas les cinq nœuds, ce qui me laisse le temps d'apprécier mon début de course aux avant-postes. Alain Gautier, aussi, a pris un bon départ sur *Brocéliande*, lui, le récent vainqueur de l'AG2R. Nos routes vont d'ailleurs se croiser dans moins d'une minute. Il arrive tribord amures, le vent sur sa droite. Alain est donc prioritaire, et c'est à moi de surveiller ma trajectoire pour éviter l'abordage.

Mais que se passe-t-il ? Ouh là ! C'est passé prêt !

Heureusement que j'ai mis un petit coup de barre à droite. À un mètre près, c'était l'accrochage. Je ne comprends pas ! Alain n'est pas sur le pont. Il est quand même gonflé, lui, le dernier vainqueur du Vendée Globe ! Quelle idée d'aller piquer un roupillon alors que tout le monde se croise depuis des heures !

À moins qu'il ne soit à l'intérieur à préparer quelque chose à manger ou à bricoler. Heureusement, pas de casse ! Mais je lui en reparlerai à l'arrivée. Et puis, après tout, il faut que j'arrête de me poser des questions ! C'est un grand garçon ; il connaît le métier.

— Comité de course. Comité de course. C'est Nicolas Bérenger.

Le crépitement à peine audible de ma VHF retentit dans le cockpit. Je tends l'oreille ! C'est une consigne de chaque organisation !

— Comité de course. Comité de course. C'est Nicolas Bérenger. Alain Gautier est tombé à la mer. Je viens de le récupérer à mon bord. Je répète, je viens de récupérer Alain Gautier à bord !

En une fraction de seconde, une montée d'adrénaline parcourt mon corps. Ce n'est pas vrai ! La VHF n'émet plus. Quand Alain m'a croisé tout à l'heure, il y a une quarantaine de minutes… Euh… Quand *Brocéliande* m'a croisé, Alain devait déjà être tombé à l'eau. Pourtant, je n'ai rien vu, rien entendu.

Comment ai-je fait pour ne pas le voir ?

En fait, il a été victime d'un accident bête. Il a glissé à l'eau en se penchant pour enlever des algues coincées à l'arrière de son bateau, lequel a poursuivi sa route, sans personne à bord.

Je suis le premier concurrent qu'Alain a vu passer… tout près de lui. Il a alors crié de toutes ses forces, sans aucun résultat. Quelle angoisse ! J'imagine l'épouvante de la situation. Seul, dans l'eau froide, au large des îles Scilly. Autrement dit, loin de tout, sans savoir si un autre concurrent est susceptible ou non de venir à son secours d'ici la fin de la journée. C'est terrible et je peux comprendre qu'il m'en veuille. À Saint-Nazaire, en effet, il me fait le reproche de ne pas avoir signalé aussitôt à la radio que je ne l'avais pas vu sur son bateau quand on s'est croisés.

On ne m'y reprendra plus. Mais comment aurais-je pu imaginer qu'un skipper aussi expérimenté puisse tomber à l'eau dans des conditions aussi clémentes. C'est bien là le problème, et cet incident a eu au moins le mérite de réveiller les consciences. On s'attache pour enlever des algues sous un bateau ! Heureusement que l'histoire s'est bien terminée, sinon je m'en serais toujours voulu.

Bref, il faut passer à autre chose et finir cette course, une Solitaire qui se termine par une belle bagarre dans le final de la dernière étape entre Gijon, en Espagne, et Le Crouesty. Un duel dans la nuit sous une belle lune le long des côtes bretonnes.

Dans la voile, on appelle cela un « match-racing », un match qui peut se jouer sur une simple manœuvre ou une petite erreur. Un match que je livre bord à bord avec Pascal Bidegorry pour la victoire d'étape. Une victoire après laquelle je cours depuis trois ans.

Tenace et fin tacticien, le Bayonnais ne lâche rien à moins de deux heures de l'arrivée. La nuit est claire, et je le vois sur son bateau se retourner régulièrement vers moi, à l'affût de la moindre information pour régler sa course. Pascal est à fond sur les détails, intransigeant comme on doit l'être pour faire avancer les bateaux.

Mais il l'exprime d'une façon plus brutale, plus agressive. Je décide de m'en servir.

Je descends à l'intérieur du bateau comme si j'allais ouvrir les vannes de ballast, ce que l'on fait avant chaque virement pour faire passer le poids de l'eau d'un bord à l'autre. L'illusion est parfaite. De retour sur le pont, je borde un peu plus pour accentuer la gîte du bateau. Un nouveau tour de passe-passe…

Pascal tombe dans le panneau ! Quand il s'en aperçoit, c'est déjà trop tard. Ses ballasts ouverts, il n'a plus qu'à virer pendant que je poursuis ma route.

Il attendait que je vire pour virer et il a perdu la bataille sur un coup de bluff. C'est sur cette partie de poker menteur que je remporte ma première étape de la Solitaire du Figaro… le dernier jour.

— Enfoiré, tu m'as bien eu !

Il est bon perdant, Pascal Bidegorry, sur les pontons du Crouesty. Je m'en veux presque d'être trop effacé sous les vivats d'une petite poignée de supporters venus de Concarneau. Tous refont la course, mais je ne suis pas content de la mienne. Encore une médaille en chocolat.

Souvent placé, rarement gagnant ! Je suis frustré d'avoir pris de mauvaises décisions à plusieurs reprises dans cette Solitaire. J'avais les moyens de la remporter. Pas encore l'expérience. L'expérience du leader qui se sait suivi, surveillé, espionné et gagne à la fin. L'expérience d'un leader comme Jean Le Cam, encore lui, qui remporte sa deuxième Solitaire du Figaro. De surcroît, c'est la première fois que je termine cette course sans la moindre assurance sur mon avenir dans la voile. J'ai épuisé mon dernier joker avec *Skipper Elf* et je dois à nouveau trouver un sponsor. Un vrai sponsor. Mon premier.

Le salut vient de Serge Madec, double recordman de la traversée de l'Atlantique Nord en 1989 et 1990 sur *Jet Service V.* Il a couru la dernière Transat AG2R avec Marc Guillemot sur *Athéna Assurances.* Il sait que je suis libre, et son partenaire cherche justement un skipper pour la saison suivante en Figaro. Il joue donc les entremetteurs, et la première rencontre est la bonne. Athéna Assurances me donne un budget et, pour la première fois, j'ai carte blanche dans le choix du bateau, des voiles, du matériel et du chantier pour préparer la saison. J'ai presque signé les yeux fermés.

Me voilà donc en cette année 1997 avec un nouveau bateau, au départ de la grande classique estivale. Et j'ai beau tourner la question dans tous les sens, je n'arrive pas à comprendre.

Il y avait pourtant de la bagarre encore ce matin dans cette première étape de la solitaire entre Arcachon et Gijon. De la bagarre avec Pascal Bidegorry. Après un long et difficile détour par Belle-Île, on était toujours à vue, presque bord à bord, et puis plus rien. Plus personne. Pourquoi ?

J'ai beau tourner la question dans tous les sens, je ne comprends toujours pas pourquoi Pascal et les autres, les gars de Port-la-Forêt, s'écartent de la route directe à l'entame du golfe de Gascogne. On sait tous que le vent va tomber. Il n'y en aura même plus la nuit prochaine au cœur de cette dorsale anticyclonique, qui paraît infranchissable à première vue. Alors, pourquoi se rallonger la route ?

Le soleil rougeoie, les vagues s'endorment et je suis sûr d'avoir fait le bon choix. J'ai pris beaucoup d'assurance cet hiver lors des entraînements et je sais pouvoir compter sur un excellent bateau, très bien préparé par mon nouvel homme de main, Stéphane Guilbaud, que j'ai rencontré l'été dernier au soir de ma victoire d'étape dans la Solitaire du Figaro.

Ce jour-là ce n'était pas moi la vedette, même si j'avais gagné l'étape. La vedette, c'était l'incontournable Jean Le Cam, vainqueur du classement général. C'est toujours comme ça le dernier jour de la Solitaire.

On ne fête que le vainqueur de l'épreuve ! Je me suis donc retrouvé tout seul à nettoyer et ranger mon bateau quand Stéphane, trouvant cette situation assez injuste, m'a proposé son aide. Je l'ai acceptée. Le courant est passé tout de suite et, depuis, on fait équipe.

On a commencé par choisir un bateau. Pour la course, le meilleur bateau, c'est généralement celui dont le centre de gravité est le plus bas. Les différences portent sur quelques grammes, mais tous les détails comptent. Les tests ont eu lieu dans le port de La Trinité-sur-Mer.

Dans cette même approche plus rigoureuse, plus scientifique de la voile sportive, j'ai refait moi-même toute l'électricité en passant l'ensemble des circuits au fond du bateau. Là encore pour abaisser le centre de gravité.

Cette fois-ci, nous y sommes ! La nuit est tombée, et le vent avec. Mais je ne suis plus seul sur la route des gagne-petit, ceux que leurs adversaires appellent les « Bretons de Panurges », à toujours choisir le plus court chemin. Un Helvète aussi est entré dans la molle : Dominique Wavre. C'est le début d'une longue bataille d'empannages sous spi dans la pétole. Le couteau entre les dents. Sans fermer l'œil de la nuit. À vrai dire, je n'ai pas beaucoup dormi depuis le départ, il y a trois jours, mais je ne sens plus la fatigue. L'adrénaline de la Solitaire du Figaro !

La récompense, c'est le vent qui regonfle mes voiles pour une incroyable échappée en solitaire jusqu'à Gijon, où je coupe la ligne avec une heure et sept minutes d'avance sur Dominique Wavre. Mieux encore, je totalise plus de deux heures trente minutes sur Roland Jourdain, troisième de l'étape. Jean Le Cam est à plus de trois heures. Pour beaucoup, la course est déjà terminée.

Mon matelas est si épais que je me contente de gérer l'étape suivante jusqu'à Brest avant que le naturel ne revienne au galop dans la troisième, vers Kinsale.

Sur plus d'une journée, je me nourris exclusivement de cacahuètes et de fruits secs pour ne pas avoir à lâcher la barre dans un très long bord à bord contre Michel Desjoyeaux, mon mentor.

C'est l'un des meilleurs skippers français dans cet exercice. À peine ému, mais au fond de moi satisfait du devoir accompli, je remporte cette bataille, mais pas la suivante face à Alain Gautier pour la victoire d'étape en Irlande. Rien de grave, cependant. Je possède une heure et demie d'avance au général sur Dominique Wavre avant la dernière manche vers Saint-Quay-Portrieux dans les Côtes-d'Armor. La victoire annoncée suit son cours.

À force de tirer des bords dans la brume, toute la flotte s'est dispersée en mer d'Irlande, et un bateau, seul dans son coin, va plus vite que les autres à l'approche de la Cornouaille. C'est celui de Marc Thiercelin, vainqueur de la deuxième étape à Brest. À chaque heure qui passe, le deuxième du dernier Vendée Globe derrière Christophe Auguin met cinq milles dans la vue à tout le monde. Je prends la menace d'autant plus au sérieux que c'est souvent la loterie avec le courant dans les arrivées à Saint-Quay-Portrieux. J'enfile donc le bleu de chauffe sans quitter la barre de la nuit. Il faut que je tienne ! Que je donne tout !

Au petit matin, c'est la délivrance. *Captain* Marc est à vue avant d'entamer la traversée de la Manche. Bien calé dans le trio de tête, rien ne peut plus m'arriver. La baie de Saint-Quay est là. Le vent s'est tu dans les barres de flèches, et c'est le courant qui parle, un courant qui nous embarque tous les trois dans la même galère. Je n'ai pas vu le danger. Le courant nous déporte petit à petit en travers de la route. Nous voilà tanqués, immobiles sur le bas-côté, tandis que le peloton revient dans la dernière ascension. Eux ont retrouvé du vent. Pas nous ! Je vois les feux passer sous mon nez et les premiers qui coupent la ligne ; c'est insoutenable, mais le pire est à venir… À la radio, j'entends que Dominique Wavre, mon concurrent direct pour la victoire dans la Solitaire du Figaro, vient d'en terminer lui aussi. L'air des roches de Saint-Quay, Le Secret, Chef d'Âne, Les Noirs devient irrespirable. Je cours après cette victoire depuis quatre ans et elle n'a plus le droit de m'échapper. J'enclenche mon chronomètre. Tout va se jouer dans l'heure qui vient.

Finalement, le vent se réveille à temps, et je peux couper la ligne avec encore une quarantaine de minutes d'avance au classement général. Mais j'ai vraiment eu peur. Peur de tout perdre sur une erreur d'appréciation.

À regarder ma montre toutes les cinq minutes, j'ai d'ailleurs eu une pensée pour Alain Gautier, vainqueur des trois premières étapes en 1988 et coiffé par Laurent Bourgnon dans la dernière entre Kinsale et Quiberon.

C'est un vrai soulagement. Je rentre enfin dans le club des vainqueurs de la Solitaire du Figaro. Je rejoins au palmarès des navigateurs prestigieux : Laurent Bourgnon et Philippe Poupon, dont je découpais les photos à Vauvenargues, Alain Gautier, Michel Desjoyeaux ou encore Jean Le Cam. Avant de gagner cette course, je ne m'autorisais pas à regarder plus loin. Désormais, je peux rehausser la mire.

Je n'ai encore jamais vu quelqu'un prendre autant de notes. Aussi scrupuleusement. Aussi rapidement. Tout ce que je dis est tapé dans la seconde sur son ordinateur. Rien ne lui échappe. Pas même le prix d'un zodiac entre deux gorgées de café.

Entouré de Stéphane Guilbaud et Vincent Borde, je réponds depuis bientôt une heure aux questions de Marie Martine Court, directrice de la communication de Groupama, dans son bureau de la rue d'Astorg, à Paris. La mutuelle d'assurances aux origines paysannes a décidé de se lancer dans la voile.

J'ai été approché, et le projet avance. Tout est parti d'un coup de téléphone début août lors du départ de la Solitaire du Figaro à Arcachon. Ce jour-là, Vincent Borde, ancien champion du monde de planche à voile reconverti dans la communication et qui s'occupe d'Alain Gautier et Roland Jourdain, reçoit un appel de la responsable du sponsoring chez Groupama. Elle recherche un skipper pour le Vendée Globe et cite différents noms, y compris le mien.

— Suivez Cammas. On en reparlera un jour...

C'est ce que lui a répondu Vincent Borde. Je ne le savais pas, mais il avait déjà un œil sur moi depuis quelque temps. Et il avait surtout sa petite idée en tête. Avant de raccrocher ce jour-là, il lui donne même rendez-vous, un mois plus tard, à La Trinité-sur-Mer. C'est là que doit se tenir le baptême du nouveau trimaran d'Alain Gautier.

Effectivement, un mois plus tard, me voilà dans la station balnéaire morbihannaise. Stéphane Guilbaud, mon manager, et Vincent qui nourrissent de belles ambitions pour moi, des ambitions sur un trimaran, ont obtenu que je rejoigne l'équipage de *Brocéliande* pour le Grand Prix de La Trinité. Malheureusement, mon baptême du feu se limite au convoyage depuis Lorient après la rupture d'une pièce du rail de grand-voile.

J'en profite alors pour traîner sur les pontons. Croiser Loïc Peyron, le champion du monde de la catégorie et vainqueur de ce Grand Prix, Laurent Bourgnon, très remonté contre les réclamations du premier, Paul Vatine, Marc Guillemot ou encore Francis Joyon... Après ma victoire dans la Solitaire du Figaro et ma photo dans le journal, je ne suis plus tout à fait un inconnu pour ces stars de la course au large, mais je reste le petit jeune.

Je reste celui qui regarde encore leurs trimarans avec les yeux d'un enfant. Les *winches* à la taille d'un bras et les moulins à café. J'ai encore tout à apprendre et je ne m'en cache pas. C'est d'ailleurs ce que je confie à Pierre

Beaumin, le directeur de l'assurance vie chez Groupama. Il est lui-même propriétaire d'un voilier et il est venu spécialement pour me rencontrer le jour du baptême de *Brocéliande*, le 31 août 1997. Le jour de la mort de la princesse Diana. Ce jour-là, j'ai gagné des points et un rendez-vous à Paris, mais ce n'est pas ce que l'histoire a retenu.

Curieusement, c'est Raphaël Dinelli qui a embarqué les responsables de Groupama dans la voile en les appelant une première fois. À la recherche d'un sponsor, le skipper de l'école nationale de voile de Quiberon leur proposait de surfer sur sa nouvelle notoriété après le Vendée Globe 1996 et son sauvetage par l'Anglais Pete Goss au cœur d'une terrible tempête dans l'océan Indien. Le jour de Noël, qui plus est ! Il était resté trente-six heures sur le pont de son voilier rempli d'eau.

Dans ce terrible Vendée Globe marqué par la disparition de Gerry Roof et trois chavirages, dont le sien, il était aussi surnommé le « pirate » pour être parti hors course. Une belle histoire peut-être, mais sans l'assurance d'obtenir des résultats à la hauteur des ambitions du groupe.

Les responsables de Groupama venaient donc de comprendre que la voile est un vecteur de communication porteur, mais que Dinelli n'était peut-être pas le bon cheval, à leurs yeux.

C'est donc à mon tour de me mettre en selle, de les convaincre et de les rassurer sur mes ambitions. En cela, je suis très clair ! Il vaut mieux des saisons pleines en trimaran 60 pieds avec la Route du Rhum, la Transat anglaise, la Route du Café, la Québec-Saint-Malo et les Grands Prix, plutôt qu'une grande course tous les deux ou quatre ans en misant en priorité sur le Vendée Globe. Un projet ambitieux vaut mieux que les plus belles lignes d'un vieux curriculum vitæ. À moi de les convaincre que notre budget tient la route. Je soigne ma présentation, parle d'une voix posée, argumente mes propos. Mes interlocuteurs m'écoutent. Il semble que le courant passe.

Deux heures ont passé ; Marie-Martine Court nous raccompagne à la porte. On se quitte par une franche et chaleureuse poignée de main. La réponse doit tomber fin octobre.

Sous une chaleur moite à l'ombre d'un faré, le clan du marié fait la coutume. Tous se présentent un à un devant le chef de la tribu de la mariée et dépose son offrande. Une pièce de tissu, un paquet de tabac et un billet de cinq francs Pacifique. C'est la règle ici, en Nouvelle-Calédonie, pour entrer sur le territoire d'une tribu.

J'assiste au mariage de la fille d'un collègue de mon père, que j'ai rejoint pour deux semaines de vacances avec ma nouvelle amie, Isabelle, une journaliste suisse rencontrée l'été précédent sur une étape de la Solitaire du Figaro. Mon père m'avait prévenu : le temps ne compte pas dans l'archipel. Après être restés des heures assis sans bouger au milieu de la famille de la mariée pour la cérémonie de l'accueil, nous assistons, toujours immobiles, à la cérémonie de mariage et ses palabres.

Cette fois, chaque membre du clan du marié retrace toute sa parenté après avoir déposé en cadeau un paquet d'ignames enfermant une somme d'argent à l'intérieur. Je suis le fils d'untel qui est le fil de tel autre… Une demi-heure par parenté, et les paquets qui s'empilent jusqu'au soir… Toujours sous une chaleur moite. La plage est à quatre-cents mètres. J'ai fini par craquer, Isabelle aussi. Avec la bénédiction des parents de la mariée.

Le lendemain de ce mariage, mon téléphone sonne.

— Bonjour, je suis l'assistante de Marie-Martine Court.

En une fraction de seconde, mon cœur s'arrête de battre. J'essaie de faire le vide dans ma tête ! Les battements reprennent, je colle le combiné le plus près possible de mon oreille, car la communication, lointaine, n'est pas de bonne qualité. J'arrive tout de même à percevoir ce que mon interlocutrice est en train de me dire.

À mes côtés, Isabelle, qui a visiblement vu que l'appel était important, me fait des signes de la main, ouvre grand les yeux pour tenter de savoir ce qui se passe. Je ne peux pas le lui dire. Je suis à l'écoute de cette voix à peine audible qui m'annonce que j'ai rendez-vous le 12 novembre au siège de Groupama, à Paris, pour la signature d'un contrat de quatre ans.

Je raccroche. En un instant, je me revois avec mes rêves de gosse dans mon petit Optimist. Je repense à ces kilomètres de montagnes avalés sur mon vélo, à ces journées de stages de voile, où j'ai souffert le martyre pour donner le meilleur de moi-même. La persévérance a du bon !

C'est aussi une sacrée révolution dans le monde de la course au large. Avant, on ne prêtait qu'aux barons du nautisme. Voilà que Groupama fait le pari de la jeunesse et mise sur un gamin de vingt-quatre ans qui découvre le multicoque. Dans cette nouvelle aventure, Stéphane Guilbaud devient le manager du projet, et Vincent Borde, responsable de la communication. Mon nouveau sponsor signe avec une équipe. Là aussi, c'est une révolution.

Finalement, il n'aura fallu qu'une année pour que les choses se concrétisent avec mes nouveaux partenaires et que, de cet accord trouvé, naisse enfin cet engagement pour ma première Route du Rhum. Mais, en cette fin octobre 1998, le ciel s'est affaissé au-dessus de Saint-Malo, et la houle commence à faire danser les bateaux sous une pluie fine derrière l'île Cézembre. Comme un avant-goût de ce qui m'attend pour le départ. Les fichiers météo tablent, en effet, sur du lourd en sortie de Manche. Genre rock'n'roll. Avec, en prime, le parquet qui se dérobe. Pas vraiment les conditions que j'espérais pour ma première transat en solitaire sur un bateau que je connais à peine. Pour tout dire, à moins d'une heure du départ, je flippe.

C'est la belle Roxana Maracineanu, la première championne du monde de l'histoire de la natation française, qui est la marraine de mon bateau. Le 4 juillet dernier à Port-la-Forêt, elle a réussi l'examen du baptême en fracassant, tel que le veut la coutume, la bouteille de champagne sur la coque du trimaran. Un événement ! Car elle est devenue le chouchou du public depuis qu'elle a été couronnée, six mois plus tôt, sur 200 mètres dos à Perth en Australie.

En grande championne qu'elle est, elle n'a pas tremblé le 4 juillet dernier. Née un 4 juillet comme ma sœur Agnès, mais ce n'est là qu'une pure coïncidence. C'est aussi le jour où Groupama rachète le groupe Gan et devient l'un des plus grands groupes d'assurances en France.

À ma demande, le baptême avait eu lieu à Port-la-Forêt devant le pôle Course au Large. Je viens d'y passer quatre des plus belles années de ma vie. C'est ma manière à moi de tous les remercier pour leur soutien, en particulier Christian Le Pape et Michel Desjoyeaux.

C'est d'ailleurs avec Michel que j'ai couru pour la première fois sous les couleurs de Groupama, au printemps dernier, dans la Transat AG2R. Une association de dernière minute après l'accident de la route de mon prestigieux équipier Bertrand Pacé au CV titanesque : trois participations à la Coupe de l'America en 1987 (navigateur du *French Kiss*), 1992 (navigateur avec *Ville de Paris*) et 1995 (tacticien sur *France 3*) ou encore un titre de champion du monde de match-racing en 1994. Mais je ne perds pas au change avec Michel Desjoyeaux.

Un tandem de choc qui gagne la première étape, mais perd toutes ses illusions sur de mauvais choix de route dans la seconde entre Madère et Saint-Barth. Si bien que nous avons terminé à une très modeste huitième place, la victoire revenant à Bruno Jourdren et Marc Guessard.

Mais c'est oublié, même si…

Car, aujourd'hui, mes préoccupations sont ailleurs ! C'est la tuile ! Pas maintenant, pas si près du départ… Une pièce du rail de grand-voile en bas du mât vient de casser. Elle s'est brisée net sur une mauvaise manœuvre de l'un des préparateurs ! Sur le coup de la colère, je me suis fracassé la main sur le rebord de la coque centrale. Le temps de réparer, c'est sûr, je ne partirai pas au coup de canon. J'ai la rage !

La série noire continue.

Décidément, je collectionne les ennuis avec ce bateau. Il y a deux mois, le 11 septembre 1998, c'est Francis Joyon sur *Banque Populaire* qui m'a coupé la route dans la première manche du Grand Prix de Royan. Un abordage spectaculaire, dont les images ont fait le tour des journaux télévisés.

Vu l'état de mon bateau, j'ai pensé un instant louer un monocoque pour la Route du Rhum. Mais le salut, une fois encore, est venu de la « vallée des fous ». Le soir même de l'abordage, Hubert Desjoyeaux, le frère de Michel, qui est également le patron de CDK, le chantier qui a construit *Groupama*, s'est proposé de travailler jour et nuit pour le réparer à temps. Et ça a marché !

J'ai eu de la chance dans mon malheur. Le mât est resté debout, et le bras de liaison est intact. Sinon, c'était fichu pour la Route du Rhum. En revanche, le principal inconvénient, c'est que je pars sans avoir beaucoup navigué en solo sur mon joli bolide.

Car c'est vif, un trimaran 60 pieds ! Sur un seul patin, dans la brise, faut s'accrocher ! Sous pilote automatique, j'ai l'impression de chavirer toutes les trois secondes. Lors des essais et chaque fois que je quitte le port, il m'arrive, persuadé que c'est le pilote qui ne marche pas, de faire demi-tour à plusieurs reprises.

Erreur, c'est moi qui ne comprends pas encore le fonctionnement de ce bateau. Pour dormir sur ses deux oreilles dans la bannette d'un trimaran, il faut accepter de ne pas appuyer à fond sur le champignon. N'utiliser que 50 à 60 % du potentiel du bateau. Une véritable révolution culturelle.

Maintenant, rien ne dit que le gars d'à côté ne va pas mettre plus de charbon. Et c'est là le danger. Une escalade à haut risque qui peut conduire à la victoire ou au chavirage. Avant le triste spectacle de Royan, j'avais pris la deuxième place au Grand Prix à La Trinité-sur-Mer. Mais ce fut sport, et, en solitaire, c'est une autre paire de manches. Quand je vois des images de Francis Joyon, à mes yeux le plus fou d'entre nous, je mesure tout ce qui nous sépare. Lui sait mettre le curseur là où j'ai les mains qui tremblent.

C'est donc avec toutes ces interrogations, avec mes 500 milles de qualification dans le golfe de Gascogne et rien de plus à la barre de mon trimaran que je vais à l'avant de ma première grande aventure maritime. Pour couronner le tout, c'est moi qui ai le CV le plus faible du plateau.

La horde sauvage s'est élancée dans la baie. Contre un vent de sud à 40 km/h, loin des caméras braquées sur les favoris, mais surtout loin des autres, je franchis la ligne vingt minutes après le coup de canon. Le temps pour moi de réparer.

Qu'importe, je dois y aller, maintenant. Je dois fixer mon regard sur ces voiles gonflées qui filent à l'horizon. Je ravale un peu ma colère en remontant toute la flotte des monocoques et des petits trimarans.

Dans ma revue de troupe, je salue des skippers croisés dans la semaine à Saint-Malo. L'un d'eux m'étonne déjà beaucoup : c'est un Suisse dont je connais à peine le nom : Stève Ravussin. Il court la Route du Rhum sur un trimaran de 40 pieds qui dispute habituellement le Bol d'or sur le lac de Genève. Pas vraiment un engin adapté à la course au large. Il est déjà en combinaison de survie... Le plus dur commence.

Le vent s'est déjà renforcé après Bréhat, mais le coup de tabac est attendu dans la nuit. Force 9 sur l'échelle de Beaufort. Un coup de tabac auquel je pense depuis quatre jours. En solitaire, je n'ai encore jamais dépassé 20 nœuds de vent, et là, c'est plus du double. Des vents jusqu'à 90 km/h pour une première nuit de course. Pas la meilleure façon de se mettre dans le bain. Le saut de vague s'annonce particulièrement indigeste.

Le sommeil léger et les nerfs à vif à cause de cette météo, je n'ai pas été très agréable cette semaine avec les gens qui m'entourent et je le regrette ! Surtout que je n'ai pas la pression du résultat. Mon seul objectif, c'est d'aller au bout. J'approche de Bréhat ; il est cinq heures du soir. La nuit vient de tomber. Des fruits secs et des barres de protéines dans les poches du ciré, ma lampe frontale sur le crâne, j'ai hâte d'en découdre.

Et je ne suis pas déçu du voyage. Cette nuit-là dans la Manche, le vent monte à 45 nœuds, et les changements de voile à l'avant tournent au numéro de cirque. Sans filet. Un jeu dangereux, où la moindre erreur est rédhibitoire quand elle ne devient pas fatale.

Dans ces conditions, impossible de mettre la main sur la panoplie de Superman. J'ai dû l'oublier à la maison. Je cherche d'abord à sauver ma peau.

Je fais le dos rond toute la nuit. Sous trois ris, c'est-à-dire avec la grand-voile réduite au minimum et rien d'autre, j'avance à neuf nœuds. C'est presque aussi vite qu'en Figaro. Le dos rond et sans bouger de l'intérieur du bateau.

Recroquevillé dans mon ciré en bas du trou de descente, je n'en mène pas large entre le fracas des vagues et les murs d'eau qui s'abattent continuellement sur le pont. Ça tape dans tous les sens.

La mer est si démontée que ce sont les crêtes des vagues qui déclenchent le radar au petit matin près des îles Scilly. À la quatrième alarme pour rien, j'ai coupé l'alimentation et je me suis assoupi.

Tuuuuut ! Tuuuuut ! Tuuuuut !

Soudain, trois énormes coups de sirène. Pile dans l'axe, à moins de cent mètres, un énorme bateau de pêche sur lequel je file à plus de 12 nœuds. Pas le temps de réfléchir. J'ai juste le temps d'abattre pour éviter la collision. Il s'en est fallu d'un rien. Heureusement que le plus gros du coup de vent est passé. Tandis que le chalutier s'éloigne, je me repasse le film et rebranche le radar. Le souffle court.

Mon classement, évidemment, n'est pas terrible au premier pointage du matin. Mais je suis toujours au contact, et le bateau va bien. *Groupama* est bien né, et toute l'équipe d'Hubert Desjoyeaux a fait du bon boulot à Port-la-Forêt.

À l'annonce de ma signature avec Groupama, un an plus tôt au salon nautique, suivi de ma première apparition au *Grand Journal* de Canal Plus le soir même, la conception de ce trimaran était déjà bien avancée avec Vincent

Lauriot-Prévost, l'un des meilleurs architectes pour les multicoques.

Mon premier trimaran est une surprenante mosaïque qui réunit des pièces d'occasion : les flotteurs, la dérive et la bôme de l'ancien trimaran de Laurent Bourgnon ; et des éléments neufs : le mât, la coque centrale fabriquée par CDK, à Port-la-Forêt, et les bras de liaison. Une mosaïque à la peinture originale, des flammes vertes qui font le bonheur des photographes.

Treize nœuds sous pilote automatique. Ce matin, je pourrais filer cinq à six nœuds plus vite, mais je ne me sens pas en sécurité si je charge plus. J'ai peur des embardées.

J'ai peur du chavirage chaque fois que j'abandonne la barre, surtout que j'ai choisi la route la plus cabossée par le nord comme Laurent Bourgnon et Alain Gautier, tandis que Loïc Peyron et Francis Joyon progressent par le sud.

À la Route du Rhum, on a le droit au routage, et c'est Marcel Van Triest, un Hollandais installé en Espagne, s'exprimant très bien en français, qui s'occupe de mon cas. L'option nord, on l'a décidée ensemble avant de partir. Sur ce coup-là, franchement, je suis étonné d'en voir certains et non des moindres partir vers le sud.

Curieusement, ce sont deux grands marins habitués des vilaines tempêtes qui ont pris cette option. Sans doute parce qu'ils savent que, dans 40 nœuds face au vent, tu perds tellement de vitesse avec un trimaran qu'il vaut mieux rallonger sa route de près de mille trois cents kilomètres. Pas d'après mes calculs ! Mais je découvre. Pas eux !

Toutefois, j'ai la bénédiction de Marcel Van Triest. Le routeur est un homme très important dans la vie d'un solitaire. Il est son seul lien avec la terre et doit devenir son meilleur copain, presque son confident, le temps de la traversée. Le vilain coup de pompe, c'est toujours lui qui le repère en premier, et j'ai le droit justement à un bon coup de pied dans les fesses à la sortie de cette dépression.

— À l'attaque !

La consigne est claire. À l'attaque pour accrocher le bon wagon des alizés avant les Açores. Je dois vaincre mes peurs et accélérer dans ce quatrième jour de course, où j'accuse déjà plus de deux cents milles de retard.

Quatre jours. Je n'avais encore jamais navigué autant de temps en solitaire sur un trimaran et j'ai pris de l'assurance. Après ces quatre jours de course, Laurent Bourgnon, Alain Gauthier et Marc Guillemot sont devant, mais je suis dans le même système météo. C'est le plus important. Dans des vents favorables, où les vitesses moyennes sont multipliées par deux. Vingt-cinq nœuds au lieu de treize. Un nouveau numéro d'équilibriste.

J'y ai regardé aussi à deux fois. Pour en être sûr. À mi-parcours, je suis devant Loïck Peyron, l'un des deux grands favoris au départ de Saint-Malo. Lui aussi, je l'avais en photo dans le mobil-home.

Beau joueur, le double vainqueur de la Transat anglaise en 1992 et 1996 m'a félicité aujourd'hui par téléphone satellite. Sympa ! Mais la course n'est pas terminée ; alors, j'accélère.

À deux jours de l'arrivée à Pointe-à-Pitre, la victoire se joue entre Laurent Bourgnon et Alain Gautier, il n'y a plus de doute, désormais.

Marc Guillemot est en retrait, et je n'ai pas d'autre ambition que de conserver ma quatrième place. Pour une première Route du Rhum. Ça le ferait bien !

Ce qui le fait moins, c'est mon gennaker, ma grande voile d'avant que je ne peux plus enrouler sous la menace d'un grain. Hier soir, une petite pièce a lâché.

Alors, sans réfléchir et par la seule peur du chavirage, je me suis retrouvé, quelques secondes plus tard, au bout du tangon, en pleine nuit, sans être attaché.

J'avais juste ma lampe frontale, mon latching entre les dents et l'eau qui défilait sous mes pieds, à plus de 20 nœuds. Quand j'y repense, cette nuit, j'ai dû poser mon cerveau quelque part sur le bateau pour ne pas mesurer à quel point je mettais ma vie en danger.

J'ai pris un risque insensé, mais c'est mon routeur qui ne dort plus à la veille de l'arrivée. Persuadé que la troisième place est encore jouable, Marcel Van Triest est sur les dents.

— Tu peux arriver au cul de Guillemot, tu peux même être devant à la pointe nord de la Grande Vigie.

Les feux de *La Trinitaine* que j'aperçois dans la nuit, à l'approche de la Guadeloupe, me replongent dans l'ambiance Figaro. Juste avant la bouée de Basse-Terre, je double Marc Guillemot tombé dans un trou d'air. Mais il repart aussi vite sous les feux des projecteurs des bateaux accompagnateurs. C'est de la régate au contact, avec des pointes à 18 nœuds contre le vent. En douze jours de Rhum, j'ai pris de la bouteille. Sur la fin, Marc concède du terrain et, à l'arrivée, je termine avec vingt-quatre minutes d'avance.

Après cette belle bagarre au large de Pointe-à-Pitre, je mets un point d'honneur à venir saluer mon adversaire comme j'en ai pris l'habitude à chaque étape de la Solitaire du Figaro. En montant sur *La Trinitaine*, je suis comme un gamin. Un gamin qui va prendre une grande claque dans la gueule.

— Il y a un petit hic ! Moi, je ne t'ai pas vu arriver. C'est pour cela que je ne t'ai pas contrôlé.

Je suis sonné. Marc Guillemot soutient qu'il a perdu la troisième place parce que je n'avais pas allumé mes feux de navigation, seulement mon flash-light en tête de mât. Et donc qu'il ne m'a pas vu. Il dit que j'ai triché.

Quelle mauvaise foi ! Comment peut-il imaginer que mon feu scintillant à trente mètres de hauteur et repérable de très loin, quelle que soit la couleur de la nuit et l'état de la mer, était une manœuvre de dissimulation ? C'est presque le monde à l'envers.

Comment voulait-il me contrôler ? Il était plus à terre quand je l'ai doublé, et après, il me voit forcément avec les projecteurs des télés qui éclairaient nos deux bateaux ensemble. Marc Guillemot a porté plainte, soutenant avoir dû livrer bataille contre un bateau fantôme. Pour ma défense, je reconnais que mes feux en bas n'étaient pas allumés. Mais pas pour tricher, plutôt par ignorance de ce point de règlement.

Je présente aussi le témoignage d'un membre du comité de course qui a parfaitement entendu Marc demander à la radio depuis combien de temps j'étais passé devant lui à la bouée de Basse-Terre. *Groupama* n'avait donc rien d'un bateau fantôme. Marc m'a bien vu cette nuit-là.

Entre une faute avouée et un mensonge avéré... Le jury m'inflige quinze minutes de pénalité, ce qui me permet tout de même de conserver ma troisième place par une marge de huit minutes et vingt-huit secondes sur Marc Guillemot. Une tout autre décision me serait apparue complètement injuste.

Troisième de la Route du Rhum. Même mes rêves les plus fous ne m'avaient encore jamais raconté une si belle histoire à travers l'Atlantique. Une belle histoire sur l'eau..., moins en coulisse.

Cette plainte a jeté un froid sur les pontons entre nos équipes ; elle a gâché ma fête, et la blessure mettra certainement du temps à se refermer.

L'attente devient interminable dans le brouhaha des vagues et du vent. Depuis qu'avec Stève j'ai appris le chavirage du trimaran de Paul Vatine et de Jean Maurel. Ils n'étaient pas loin de nous, entre le Portugal et les Açores. Là où la mer est devenue complètement folle.

On le savait tous qu'on allait entrer dans le dur. Du très dur même, au quatrième jour de cette Transat Jacques Vabre 1999. Au Havre, j'avais même entouré de rouge un bout de mer sur ma carte. Une zone « interdite » parce que la tempête y serait sans doute trop forte, et la vague, trop puissante pour espérer en ressortir sans dommage.

Loin de l'épicentre apocalyptique, c'est encore la guerre. Le vent souffle à plus de 100 km/h, et la mer fume dans de longues traînées blanches. À sec de toile, comme la nuit dernière, on avance encore à 10 nœuds. Dément !

Marc Guillemot et Jean-Luc Nélias, encore plus proches que nous du signal de la balise de détresse du trimaran *Groupe André*, se sont déroutés pour leur porter assistance. Au cœur du cataclysme…

Et ce qu'ils voient en arrivant est terrible. Si terrible qu'ils tombent en larmes tous les deux. Dans cet océan toujours en furie, Jean Maurel est seul à califourchon sur un flotteur, mais Paul Vatine, qui était à la barre au moment du chavirage, a disparu, à jamais. Emporté par la mer.

Quinze heures plus tard, Jean Maurel est récupéré par un cargo sous les yeux de Marc Guillemot et Jean-Luc Nélias, très éprouvés par ce sauvetage. Nous sommes le 21 octobre 1999. Fidèle à sa conception de la course au large, le vainqueur des deux premières éditions de la Route du Café avait décidé d'attaquer malgré des conditions épouvantables.

— C'est la compétition qui a tué Paul, dira Jean, quelques semaines plus tard.

Le souvenir de cette transat, ce n'est pas son vainqueur, mais la disparition de Paul Vatine.

Une course, loin, très loin de ce que je pouvais imaginer au départ. Sur le papier, cette formule en double, c'était, à mes yeux, l'assurance de pouvoir mener le bateau presque à son maximum, 24 heures sur 24, en toute sécurité. Le chavirage d'Alain Gautier et Michel Desjoyeaux sur *Brocéliande* dès les premières heures de course au passage du raz Blanchard fut le premier rappel à l'ordre.

Pour me seconder dans cette transat en double, j'ai fait appel au Suisse Stève Ravussin, avec qui j'avais pris le temps de discuter un soir à Pointe-à-Pitre à l'arrivée de la Route du Rhum.

Le courant était passé. Il se destinait à être professeur de voile quand je lui ai proposé de rejoindre l'équipe de Groupama pour la saison des Grands Prix et la Transat Jacques Vabre. Il a accepté avec un bel enthousiasme. J'avais déjà mon idée en tête.

Lieutenant de Laurent Bourgnon, avec lequel il a beaucoup navigué, Stève Ravussin est un pro de la navigation en multicoque. Il attaque fort et ne connaît pas la peur, ce qu'il me reste, justement, à mieux appréhender. Mon challenge, c'est d'être à sa hauteur chaque fois que je reprends la barre.

Il est allé à 30 nœuds dans la dernière heure, et le bateau s'est bien comporté. J'en fais autant. Quand il faut passer la sixième, Stève devient mon baromètre du risque. Certains disent qu'il est fou. Pas du tout.

En revanche, le Suisse des montagnes a la peau fragile. Et ses cirés détrempés depuis le départ n'arrangent guère les choses. À mi-parcours, il barre avec un gros coussin sous les fesses. Mais je continue d'apprendre… Apprendre, par exemple, qu'avancer avec le vent permet de réduire sa force, qu'il vaut mieux aller vite lors des manœuvres pour éviter de casser du matériel. Je vous passe les équations, mais Stève est un excellent pédagogue, et, à ses côtés, je découvre plein de choses sur la façon de mener un trimaran, à pleine vitesse et en sécurité. Les deux se marient très bien, ce dont je doutais fortement à ma première Route du Rhum. Les ficelles du métier qui entrent.

Après la disparition de Paul Vatine, le chavirage d'Alain Gautier et Michel Desjoyeaux, et l'abandon sur avarie de Marc Guillemot et Jean-Luc Nélias, c'est le bal des éclopés dans les alizés vers Carthagène. Coque fissurée pour le *Fujicolor* de Loïck Peyron et Franck Proffit.

Flotteur endommagé sur le *Foncia* de Laurent et Yvan Bourgnon. Enfin, foil cassé et flotteur plein d'eau pour *Groupama*. Le premier trimaran est loin devant. Les deux autres se livrent une belle bagarre dans l'arc antillais. À force de tirer sur les machines.

Je me vois encore tenir Stève par le bout des pieds pour colmater la fissure derrière le flotteur, mais c'était peine perdue ! Heureusement, les derniers bords sur la rivière Carthagène sont plutôt du bon côté. De celui où le flotteur endommagé se vide de son eau en fendant l'air. *Groupama* retrouve alors de la vitesse. C'est notre chance.

On termine deuxièmes à Carthagène. Quinze heures derrière Loïck Peyron et avec un peu plus de deux heures d'avance sur Laurent Bourgnon. Une marche de mieux que la Route du Rhum. Attention à la prochaine !

Je suis fier de ce podium entre les stars de mon adolescence montagnarde. Le drame de la disparition de Paul Vatine nous interdit de parler de renouveau, mais les piliers de la classe peuvent trembler. Une transition s'amorce avec Alain Gautier, Michel Desjoyeaux, Marc Guillemot, Jean-Luc Nélias… et ma pomme.

Deux ans plus tard, en 2001, je repars sur cette même Route du Café avec Stève Ravussin. Plus qu'un équipier, c'est devenu un ami avec qui je partage la même passion du ski. Il m'invite régulièrement à Verbier, en Suisse, l'une des plus belles stations d'hiver du Valais, qui est aussi le paradis du hors-piste.

Sans attaches familiales, nous sommes libres comme l'air. Libre de partir dix jours à la montagne pour préparer nos escapades maritimes. Ski, vélo, randonnées, c'est le plein d'oxygène et de globules rouges au lieu de se morfondre dans une chambre d'hôtel…, même avec vue sur la mer.

Stève Ravussin, c'est le binôme parfait. Un mec jovial qui ne tire jamais la gueule à bord. Bon, d'accord ! Il vanne souvent et faut parfois comprendre ses blagues…, mais on n'est pas obligé de rire. Le revers de la médaille, c'est son côté tout feu tout flamme qui lui fait perdre beaucoup d'énergie. Je compense.

— Eh oui ! C'est l'heure du schmilblick… Ta… ta… ta… ta. Ne fais pas cette tête, Franck ! Neptune mérite mieux que ça.

Rien que de me pencher sur l'horrible mixture, j'attrape la nausée. Des morceaux de je ne sais quoi plongés dans un liquide marron… C'est ça, le schmilblick que Stève, déguisé en Neptune de pacotille, veut me faire avaler pour célébrer mon premier passage de l'équateur.

Du Ravussin tout craché ! Bon joueur et par respect des traditions, j'avale tout ce mystérieux breuvage. Un bizutage à l'arrière-goût de chocolat suisse, mais dont je ne connais toujours pas la recette.

C'est une belle course, cette Jacques Vabre 2001 avec un tandem de choc, Michel Desjoyeaux et Jean-Luc Nélias, sur un bateau neuf, *Belgacom*. Il y a aussi pléthore de vainqueurs potentiels et un parcours plus long et plus complexe que d'habitude. On ne va plus à Carthagène, mais à Salvador de Bahia en virant l'île de l'Ascension.

J'y retrouve presque l'intensité de la Solitaire du Figaro sur une échelle totalement différente : près de dix milles kilomètres avec le passage de l'équateur et de la ZCI, la zone de convergence intertropicale, communément appelée « pot au noir », une première pour une transat française.

On a pris un départ canon ! Malheureusement, l'affaire se complique avec un safran cassé dès le deuxième jour de course dans une collision avec un OFNI. Une avarie que l'on garde au secret près de quarante-huit heures, le temps d'acheminer tout le matériel et l'équipe technique aux Canaries pour la réparation.

Trois préparateurs nous attendent dans la nuit. Un arrêt au stand version commando qui dure à peine plus d'une heure. Mais tout va si vite dans cette transat que quatre bateaux en ont profité pour passer devant. Un mal pour un bien… Bizarre, la course au large. Ce n'est pas toujours le premier qui gagne.

Pour virer l'Ascension, qui est une île perdue au milieu de l'Atlantique Sud, le chemin le plus court d'où l'on est, c'est tout droit à la verticale. Mais il faut alors traverser la portion la plus difficile du pot au noir et ses grands calmes. Sinon, c'est le tour du propriétaire par l'ouest, puis des bords à tirer pour revenir sur l'île.

En tête de la course, Jean-Luc Nélias et Michel Desjoyeaux optent pour la grande boucle. Mais, derrière, chacun prend de plus en plus l'intérieur du virage pour ne pas rester à la traîne, quitte à devoir affronter un gros pot au noir. C'est une loterie et elle nous sourit. On a coupé le fromage sans être pris par ZCI. Et, le fameux jour du schmilblick, on pointe à la deuxième place derrière Alain

Gautier et Ellen MacArthur. Je peux boire à la santé de Neptune : le meilleur est à venir. Passé l'île de l'Ascension, c'est trois jours de vents portants, trois jours à bloc pour atteindre Salvador de Bahia, au Brésil.

— Bon ! On va se calmer !

Je suis sorti en furie pour gueuler un bon coup. Pas moyen de dormir tellement *Groupama* tape dans les vagues. Et puis, là, trois gros chocs en l'espace de cinq minutes.

— Avant de la gagner, ce serait bien de la finir, cette course !

Ce n'est pas la première fois que je demande à Stève, qui passe des heures à la barre à attaquer comme un bourrin, de se calmer un peu, mais sa réponse, toujours la même, me désarçonne chaque fois.

— Tout va bien.

Et il a raison, le bougre ! Sur le pont, c'est moins terrifiant qu'à l'intérieur de la coque centrale, où un vacarme assourdissant donne l'impression chaque seconde de chavirer. Alors, imperturbablement, on en remet une couche. Jamais le bateau n'est allé aussi vite depuis le départ. Toujours à la limite du basculement. On ne vit pas dans la peur..., mais c'est un stress permanent.

Une bataille au vent arrière sur un bord. À qui ira le plus vite. À une journée de l'arrivée, moins de quinze milles nous séparent d'Alain Gautier et Ellen MacArthur. Et, dans la dernière nuit, ce sont eux qui craquent. Enfin, plutôt leur bateau ! Un problème hydraulique. On revient sur leurs talons et, quelques empannages plus tard, nous prenons le commandement avec quinze milles d'avance.

Reste le sprint final et un dernier coup de chaud *made in* Cammas quand je m'aperçois qu'Alain et Ellen se sont décalés sur le plan d'eau. Bien joué, les artistes ! Si le vent revient de leur côté, ils échappent à notre contrôle. Ce qui ne me plaît pas du tout. Qu'elles sont larges, les épaules de Stève, qui reste super détendu ! L'élégance suisse ! Et il en faut de l'élégance pour me supporter dans ces moments-là. Les yeux rivés sur mon ordinateur à surveiller la position de l'autre, je crie au loup dès qu'il y a une différence de vitesse en faveur d'Alain. Je me dis : ça y est ! On est dans le trou de vent, et eux vont faire le tour. Je crains par-dessus tout ce scénario. Un scénario que Marc Guillemot a vécu à ses dépens dans nos derniers affrontements en 1998, dans la Route du Rhum et la Québec-Saint-Malo.

Je n'arrête pas d'aller et venir entre le cockpit et le poste de barre. Toujours la même question à la bouche :

— Tu ne crois pas qu'il faut empanner ?

Imperméable à toutes mes craintes, Stève se contente d'un signe de tête pour me dire non. Sûr de son fait.

Effectivement, *Groupama* coupe la ligne en vainqueur avec trois heures et demie d'avance sur *Foncia.* C'est ma première grande victoire ! Et gagner cette transat avec mon copain Stève est un immense bonheur. Quel schmilblick !

Deux ans plus tard, Stève possède son propre bateau. Je change donc d'équipier. Je choisis Franck Proffit, l'un des meilleurs seconds en multicoque, déjà vainqueur de la Jacques Vabre avec Loïc Peyron, l'année de la disparition de Paul Vatine.

C'est toujours cap sur Salvador de Bahia, mais sans virer l'Ascension. Une course sans relief, dont on prend le commandement dès l'archipel de Madère pour ne plus le lâcher jusqu'à l'arrivée. À la sortie du pot au noir, *Groupama* possède tellement d'avance, près de trois cents milles, que la course semble déjà terminée. On n'a pas été plus vite, mais mieux que tout le monde sur une route plus courte, plus régulière. L'école des gagne-petit du temps de mes années Figaro. Efficace.

La suite, c'est de la gestion de course, pour ne pas casser et garder un bon matelas sur *Belgacom*, le bateau le plus récent et le plus puissant de la flotte. Un trimaran bien construit avec de sacrés clients à la barre : Jean-Luc Nélias et Loïck Peyron.

Des clients qu'on veut garder à distance. Le problème, c'est qu'on bute sur un système météo, et, derrière, ça cravache. De surcroît, contre Loïc Peyron, tu n'es jamais à l'abri d'une mauvaise surprise. C'est un gagneur qui ne renonce jamais et, comme moi, il a souvent de la réussite au bon moment. La fameuse bonne étoile…

Nous comptions trois cents milles d'avance à la sortie du pot au noir, et notre victoire se résume finalement à soixante-douze minutes sur la ligne d'arrivée à Salvador de Bahia. Alors, bien sûr, il y a eu un regain de tension dans les derniers milles, mais ce plat brésilien, réchauffé depuis des jours et sans aucun piment, manque cruellement de saveur. Même les médias ont fini par se lasser du cavalier seul de *Groupama*. Rien ne vaut un beau combat.

Et Franck Proffit n'est pas Stève Ravussin. Nous n'avons pas les mêmes affinités. Mais, sur l'eau, c'est un équipier très performant avec un peu plus d'expérience que mon copain de vacances… et de sagesse aussi par moments.

Je repars donc avec Franck en 2005 avec un nouveau trimaran, *Groupama 2*, mis à l'eau deux ans plus tôt ! C'est sa première grande traversée. Un vrai pur-sang au potentiel impressionnant sur les Grands Prix et les courses en équipage, mais presque trop rapide, trop nerveux quand on lâche la bride.

On a le potentiel pour gagner, sauf que des oiseaux de mauvais augure, très nombreux depuis l'hécatombe de la

Route du Rhum 2002, dont j'ai été d'ailleurs la première victime, prédisent au mieux un démâtage, au pire le chavirage. Dans leurs esprits, un bateau rapide en Grand Prix, c'est un bateau fragile pour le grand large. Difficile de lutter.

Dès la deuxième nuit de course, Armel Le Cléac'h et Damian Foxhall chavirent avec *Foncia*. Les frères Ravussin, Stève et Yvan, explosent leur *Orange Project*. Et deux autres trimarans cassent : le *Sodebo* de Thomas Coville et le *Brossard* d'Yvan Bourgnon. Un vilain coup de balai à la sortie du golfe de Gascogne. Beaucoup misaient en premier sur notre abandon, mais on sort nickel de ce coup de tabac, qui plus est en tête. Désolé !

J'ai voulu participer à la conception de ce bateau, qui me donne entière satisfaction dès les premières heures de course. Une fois dans les alizés, personne ne pourra plus nous rattraper. Ce bateau, c'est le plus rapide de tous. Seulement, on a oublié un énorme détail : en double comme en solitaire, on ne reprend pas systématiquement les écoutes après chaque manœuvre comme en équipage. Mais si une écoute passe sous la barre quand la voile bat, l'accident n'est jamais loin. Cette imprévoyance va nous coûter cher. Les deux nouvelles barres fixes ultra-légères en carbone de dernière génération, un petit bijou technologique, cassent l'une après l'autre en l'espace de trente heures. La seconde a tout de même attendu que la première soit réparée avec les moyens du bord pour se briser à son tour. Quelle élégance ! Sinon, c'était la cata.

On n'a donc plus le choix ! Cap sur l'île de Porto Santo, dans l'archipel de Madère, pour remettre les anciennes barres en aluminium.

— C'est quoi, cette merde ! Les gars, vite, un couteau ! Le bateau dérive !

Je parle fort. Très fort. Sans gueuler. Ce n'est pas le moment.

Il faut surtout que je me fasse comprendre.

Un bout vient de se prendre dans l'hélice à l'entrée du port. *Groupama 2* dérive et menace de s'écraser contre les rochers. Encore une mauvaise manœuvre. L'un de nous a fait une connerie. La fatigue, sans doute. La fatigue accumulée depuis bientôt deux jours, et ces histoires de barres qui ruinent nos quarts de repos.

Terminus Porto Santo ? Heureusement, non ! Jean-Marc Normand, mon préparateur, qui est aussi devenu mon beau-frère, saute à l'eau en pleine nuit et parvient à retirer le bout autour de l'hélice. Juste à temps.

On a frôlé la correctionnelle. J'ai un mauvais pressentiment. Bizarre.

Il est minuit, le chrono tourne, et on sait que la course se joue là. Nous nous sommes battus pendant trois jours à fond pour essayer de gagner un demi-nœud et nous sommes à l'arrêt pendant que les autres filent à 25 nœuds. L'addition risque de se payer très cher. Arrivés vers minuit à Porto Santo, on repart au petit matin sans avoir vraiment fermé l'œil. Mais la réparation est effectuée, et les alizés sont là. Des alizés soutenus.

Trente, trente-deux..., trente-trois nœuds de moyenne. Notre trimaran affole les compteurs et donne l'impression de n'avoir aucune limite. Aucun signe pour dire au pilote qu'il est en train d'aller trop loin.

À terre, devant son écran, Marcel Van Triest, le routeur, n'en revient pas non plus. Il n'a jamais vu de telles moyennes en double. Toutefois, il ne tient pas à nous mettre en garde. Nous sommes des grands garçons.

En une journée, on comble la moitié du retard que l'on comptait sur Michel Desjoyeaux et Pascal Bidegorry à la sortie de Porto Santo. Au passage des Canaries, moins de vingt-quatre heures après, le bateau va toujours aussi vite, et je suis à l'intérieur, à me reposer, avant de prendre mon quart en fin d'après-midi.

Dorénavant, je sais faire abstraction de tous les bruits, des contacts violents et du stress qu'ils engendrent. Mais je dors les pieds en avant sur ma couchette avec l'ordinateur en visu. Les pieds en avant, au cas où !

Et je sens que ça plante. Une seule fois.

Sans la moindre alerte. Sans un flotteur qui enfourne et freine progressivement le bateau. C'est bien là le problème de nos trimarans sustentés par les foils. Des libellules à l'équilibre toujours précaire. La limite, c'est quand ça bascule. Et cette limite arrive à une telle vitesse que le basculement devient irrémédiable.

Je sens que ça plante. Une seule fois.

Peut-être dans une vague, je ne sais pas. Mais c'est déjà trop tard. J'ai à peine sorti la tête du trou de descente qu'on est déjà sur le nez à la verticale. Où est Franck ? Je ne le vois plus. Il a été éjecté du poste de barre.

Je me dégage en imaginant que je vais pouvoir choquer la voile et remettre les choses à l'endroit. L'instinct de survie ? Plutôt de l'inconscience. *Groupama 2* chavire, et je me retrouve dans l'eau, le bateau sur moi. Un boucan terrible, le mât se brise.

Dans cet immense capharnaüm, je mets un peu de temps à rejoindre à la nage le tableau arrière de *Groupama 2*. Mais je ne vois toujours pas Franck, ni ne l'entends. J'ai beau l'appeler, il ne répond pas.

Debout sur le filet, appuyé contre la coque centrale à l'envers, je repense à Jean Maurel et Paul Vatine, six ans plus tôt. Ma gorge se serre. Franck ne répond toujours pas à mes appels, et je crains le pire en ouvrant le hublot pour passer de l'autre côté de la coque centrale.

Les secondes semblent des minutes, les minutes semblent des heures.

Il était encore avec moi il y a quelques minutes, et là, plus personne !

J'ouvre le hublot à l'opposé..., et c'est la délivrance. Enfin, j'aperçois Franck, là, tout près de moi, prostré sur le bras avant. Je retiens d'abord mon souffle, puis mes craintes s'apaisent, mon anxiété disparaît. Il bouge. C'est rassurant !

Je crie pour lui demander si tout va bien. Je hurle pour qu'il m'entende.

Mais, perclus de douleur au niveau des côtes, il n'arrive plus à parler. Grimaçant, serrant les dents, il me fait comprendre qu'il peine à respirer et qu'il souffre le martyre. Au prix de longs efforts, je parviens à le rejoindre pour le secourir et m'enquérir de son état. Le constat est là : il est sérieusement amoché.

À portée d'hélicoptère des îles Canaries, à peine à une quarantaine de milles, il nous faut malheureusement attendre près de deux heures l'arrivée des secours. Deux heures interminables pour lui !

Mouillé, mais indemne, j'ai réussi à rejoindre le cockpit pour aller y chercher la boîte à pharmacie. Je lui administre quelques médicaments antidouleur, mais, plus que tout, j'essaie de bien le positionner.

Cependant, Franck continue d'avoir très mal. Alors, je blague. Des blagues à deux balles pour détendre l'atmosphère, car je sens aussi qu'il gamberge. Qu'il s'en veut d'avoir chaviré puisque c'est lui qui était à la barre.

Je tente de le rassurer. De lui montrer qu'il a toujours ma confiance. Le plus important, c'est d'abord sa santé.

— L'hélico arrive, ne t'inquiète pas.

Plusieurs heures se sont écoulées depuis le chavirage, quand les sauveteurs balancent l'un de leurs hommes à bord pour les opérations d'hélitreuillage. Que le temps est long lorsqu'on attend les secours en mer ! Pour moi, impatient qu'ils s'occupent au plus vite de lui, pour lui qui par moments ne peut s'empêcher de crier sa douleur, des cris sans écho, dans une mer démontée, dans un environnement hostile que seuls les gens de la mer peuvent décrire. Mais le pire est à venir !

Les secouristes ne sont pas des tendres. Franck est harnaché sans ménagement comme un vulgaire mannequin en mousse. Les sangles lui serrent les côtes, et ses cris de douleur transpercent la nuit alors que je le vois monter petit à petit vers l'hélicoptère en station au-dessus de la coque retournée, ballottée. Plus de vingt minutes d'une terrible souffrance. Une éternité.

Puis ces secouristes indélicats me demandent si je veux y aller à mon tour. Ce n'était pas dans mes plans, mais les balises pour repérer le bateau sont déjà installées et, vu ce qu'il vient de se passer, je ne veux pas laisser Franck tout seul. Je monte donc à mon tour dans l'hélico.

Étrange expérience que d'être harnaché et soulevé au-dessus des flots. Et de voir son bateau au-dessous. Je ne peux m'empêcher de regarder ; mes yeux sont comme attirés. Et là, j'aperçois notre monture en fâcheuse posture. Puis elle disparaît au fur et à mesure que nous nous envolons.

Enfin, l'hôpital, les premiers soins et un diagnostic pour l'ami Franck : de l'eau dans les poumons et un début d'explication. Éjecté de son poste de barre sous la violence du chavirage, il a atterri sur l'étrave. Il est tombé sur la cadène de trinquette, une pièce de métal à l'avant du bateau.

Par bonheur, il n'a pas perdu connaissance, mais cela s'est joué à rien du tout. Ce chavirage reste mon pire souvenir. J'ai vraiment eu très peur pour mon équipier.

Après un long remorquage à l'envers, je récupère le bateau dans un très mauvais état, mais, bon ! Cela reste du carbone, de la colle et de la mousse.

L'année suivante, *Groupama 2* gagne tous les Grands Prix et, en 2007, c'est ma dernière Jacques Vabre. La der des ders, pour laquelle je retrouve une vieille connaissance, mon ami Stève Ravussin. Je suis un mec super fidèle avec mes équipiers.

La course s'est jouée en grande partie avant les îles Canaries. Tous les routages nous envoyaient à l'est de Lanzarotte, mais Stève et moi, on a profité d'une rotation du vent, complètement imprévue, pour se décaler et traverser l'archipel entre Fuerteventura et Gran Canaria.

À la sortie, nous possédons soixante milles d'avance sur Pascal Bidegorry associé à Yvan Ravussin, le frère de Stève. Le trou est fait et, après les arrêts au stand pour réparation de *Gitana 11*, barré par Lionel Lemonchois et Yann Guichard, et de *Banque Populaire*, du duo Bidegorry-Ravussin, il n'y a plus d'adversaires. Excepté nous-mêmes.

Ainsi, à l'entrée du pot au noir, on frôle le chavirage dans une rafale à 35 nœuds en pleine nuit. Un peu plus loin, toujours dans le pot au noir, impossible de border l'écoute de grand-voile à cause d'une fuite d'huile dans le système hydraulique.

On est sauvés par de l'huile d'olive. La magie provençale. C'est ensuite un cavalier seul jusqu'à Salvador de Bahia et une traversée dans un temps record, 10 jours et 38 minutes, mais à vaincre sans péril… Je ne saute pas de joie à l'arrivée, même si, sur les images, on me voit bondissant sur le filet, arrosant Stève et la foule de ce breuvage pétillant qui sort du magnum.

La victoire est là, mais sans saveur. L'adrénaline de la course s'est envolée trop vite.

VII

Un nouveau siècle, de nouvelles victoires

Tout est blanc. Blanc comme un nuage posé sur la mer. Je suis en plein brouillard. Un brouillard à couper au couteau. Je comprends mieux l'expression depuis je suis entré dans cette zone à la limite des gros glaçons de l'Atlantique Nord. C'est la double peine. Ne rien voir avec le risque de croiser un morceau de glace. La seule chose à faire, c'est de croire en sa bonne étoile et ne plus quitter des yeux l'écran radar pendant vingt-quatre heures, le temps de s'extraire de la zone à risque à l'approche de Saint-Pierre-et-Miquelon et de Terre-Neuve.

Je dispute l'Europe 1 NewMan STAR, nouveau nom de la Transat anglaise qui se dispute entre Plymouth et Newport en cette année 2000. C'est cette transat qui a fait connaître la course au large en France après la victoire d'Éric Tabarly en 1964.

C'est ma deuxième course en solitaire après la Route du Rhum en 1998. On me l'avait présentée comme une course de bûcherons dans le froid et les vents contraires de l'Atlantique Nord. Je confirme.

L'équipe *Groupama* a grandi autour de moi. Elle compte désormais une douzaine de personnes, avec un petit bureau d'études sous la direction de Loïc Dorez, qui vient de nous rejoindre. On s'est lancés dans un suivi technologique, et je ne cours plus simplement pour aller de l'autre côté, comme dans la Route du Rhum deux ans plus tôt. Ce qui m'importe, c'est la victoire.

Et rien ne m'arrête. Ni le froid ni la fatigue. Pas même mon compas qui perd le nord à l'approche de Terre-Neuve… et du pôle magnétique. Ce qui a le don de m'énerver, tellement c'était prévisible ! Pas de compas, pas de pilote automatique. Je dois rester toute la nuit à la barre, la tête tournée vers l'arrière du bateau pour éviter de prendre des seaux d'eau à travers la gueule.

C'est la première fois que je barre en regardant derrière moi. Mon sillage doit être rectiligne. Je fonce à 18 nœuds. À moins de deux jours de l'arrivée, je passe Terre-Neuve en tête et sans avoir vu le moindre morceau de glace.

Je suis mort de fatigue et, pour me redonner des forces, j'avale un morceau de foie gras. Ce n'est pas vraiment recommandé pour la performance, mais c'est le seul moyen que j'ai trouvé pour avoir du plaisir à manger et faire le plein de calories.

En mer, je vis la bouffe comme un casse-tête. L'idéal, ce serait une piqûre. J'aimerais pouvoir ne pas prendre le risque de préparer à manger parce qu'en multicoque, faire chauffer de l'eau à l'intérieur représente aussi un danger. Je mise donc sur la rapidité et l'efficacité. Le foie gras réunit les deux. Plusieurs emportent des petits plats, d'autres, des conserves, certains ne jurent que par le lyophilisé ! Pour moi, c'est une galère, d'autant plus que la course touche à sa fin et que je viens de me faire doubler. Si bien que, désormais, nous sommes quatre dans un mouchoir de poche : Francis Joyon, Marc Guillemot et Alain Gautier me tiennent compagnie. La colère ? La fatigue ? Le métier qui entre ? J'oublie alors mes peurs et pars me coucher en laissant le bateau aux mains du pilote automatique qui a retrouvé ses esprits.

Belle initiative. En une nuit, je rattrape tout le retard pris sur Alain Gautier, dont j'aperçois le trimaran juste derrière moi au petit matin. Je suis requinqué ; la fameuse adrénaline.

Mais j'ai laissé passer ma chance, et Francis Joyon, puis Marc Guillemot coupent la ligne avant moi. Très déçu de cette nouvelle troisième place, je me console en mesurant la faiblesse des écarts sur le podium. Quatre heures seulement nous séparent après dix jours de traversée. Ça va venir ! Mais quand ?

À l'arrivée à Newport, le contraste est saisissant, surtout après Pointe-à-Pitre. C'est comme si tu venais de traverser la baie : personne ne fait attention à toi dans l'un des berceaux du yachting mondial.

Un yachting de riches propriétaires qui s'extasient plus devant un parcours banane auquel ils assistent le week-end qu'une traversée de l'Atlantique en semaine. Il y a bien quelques journalistes français, mais aucun Américain sur les pontons. À deux cents mètres de la ligne d'arrivée, je me suis même demandé si j'étais dans la bonne baie.

Avec Marc Guillemot sur le podium, ce n'est pas le grand amour entre lui et moi, et les choses ne s'arrangent pas quand je conteste en fin de saison le décompte des points pour le Championnat du monde Orma, le Championnat du monde des trimarans 60 pieds que je vais remporter à six reprises. Les officiels ont fait une erreur de calcul, et ça tombe malheureusement sur Marc…, qui perd des points sur moi. J'ai plus de sympathie pour Francis

Joyon. Quelqu'un de solide, bien connecté, qui a la tête sur les épaules. Vu de l'extérieur, nous sommes très différents, mais on se comprend.

Cette année 2000 m'offre décidément de bien belles perspectives. Là, devant moi, en ce mois d'août, c'est un fin rideau de lumières blanches qui serpente au-dessus du Saint-Laurent.

Une danse langoureuse sous un ciel violet. Il est minuit, et j'assiste avec tout l'équipage debout sur les filets à l'un des plus beaux spectacles que la nature puisse offrir. Une aurore boréale. Magique aussi la remontée du Saint-Laurent. Des forêts à perte de vue, le bruit de l'eau sur les rives et le souffle des baleines que tu devines sans jamais les voir. Le Québec, voilà une région du monde où je pourrais m'installer un jour, loin de tout.

Après l'inconfort de la Transat anglaise, la Québec-Saint-Malo, qui se dispute en équipage, est un long sprint avec du vent dans le dos, entre deux régates côtières aux deux extrémités du parcours. Une transat vraiment à part. Une transat que Marc Guillemot est tout près de remporter cette année-là. Aux deux tiers de la course, il compte près de quatre cents milles d'avance, et sa victoire ne fait plus de doute, mais, dans la voile, on ne le répète jamais assez : tant que la ligne n'est pas franchie…

En fait, tout bascule la dernière nuit avec le retour du vent par l'ouest alors que *La Trinitaine*, le bateau de Marc, n'avance plus. Les écarts fondent, et c'est une nouvelle course qui démarre devant l'archipel de Bréhat sous un beau soleil d'été. Une régate en baie de Saint-Brieuc et le long de la côte d'Émeraude. Une régate que l'on remporte avec dix minutes d'avance sur Marc Guillemot.

C'est ma première victoire dans une course en multicoque. Et l'arrivée à Saint-Malo, en plein mois d'août, sous un magnifique ciel bleu, c'est autre chose que l'Amérique. On retrouve un public qui aime la voile. L'un des meilleurs publics au monde avec les Néo-Zélandais et les Irlandais. Je suis comblé.

Après Saint-Malo, j'enchaîne avec ma première victoire en Grand Prix à Fécamp, puis mon premier titre de champion du monde Orma. 2000. L'année du commencement.

Malheureusement, deux ans plus tard, l'histoire se répète. Ma colère gronde dans le port de Fécamp. J'en veux à mon mât qui vient de se casser en deux lors d'une sortie d'entraînement.

Juste à la veille du Grand Prix ! Cela ne va pas arranger mes affaires pour le Championnat du monde. À deux mois de la Route du Rhum 2002, c'est encore plus ennuyeux. D'après les experts, les mâts avec les nouvelles fibres de carbone ultralégères, c'est l'avenir ! Et aucun risque ou presque que ça casse. C'est tout vu ! La classe Orma est devenue un laboratoire expérimental, mais ce n'est pas toujours lui rendre service, car les avaries se succèdent sur pas mal de bateaux.

Pour la Route du Rhum, ce sera donc l'ancien mât et des travaux à prévoir pour réadapter le plan de pont qu'on avait aussi optimisé. Rien de rédhibitoire, mais c'est un sérieux contretemps. Et quel champ de bosses le jour du départ en ce 10 novembre 2002 ! Mais ce n'est rien en comparaison de ce que prévoit la météo dans soixante-douze heures.

Une dépression gigantesque à la sortie du golfe de Gascogne… Là où le pétrolier *Prestige* lancera son appel de détresse le 13 novembre avant de polluer toute la côte de la Galice, au sud de la Bretagne.

Finis les complexes. Quatre ans ont passé depuis mes premiers pas en trimaran, et la bagarre fait rage entre Loïck Peyron et moi pour passer le cap Fréhel en tête. Une belle bagarre que je perds pour un bout de corde qui se prend dans le vieux mât à l'entame du virement. Ah ! si je n'avais pas cassé deux mois plus tôt ! Deuxième à Fréhel, j'ai tout l'Atlantique pour me refaire.

La nuit tombe, et le vent se lève au large de Perros-Guirec. Encore rien de méchant, et plusieurs en profitent pour attaquer.

Pour ma part, j'ai choisi de lever le pied. Le plus important, c'est de sortir entier de la dépression qui arrive. Rien ne sert de s'énerver avant Ouessant. Je réduis donc la voilure en prévision de la nuit et de la sortie de la Manche.

Moins toilé que bon nombre de mes adversaires et sous pilote, je me sens alors assez en sécurité pour me préparer une petite soupe à l'intérieur. Une petite soupe avant le grand bouillon. Installé sous la bulle et tenant mon mug du bout des doigts, je sens soudain le bateau prendre une gîte inhabituelle.

Dehors toute ! Je me précipite vers le poste de barre sans quitter des yeux le winch du chariot de grand-voile. Je touche au but… On y est presque… Je défais le dernier tour de l'écoute autour du winch. Le souffle court. Plus qu'à laisser filer… Trop tard !

En un éclair, je suis projeté en dehors du bateau presque à la verticale. Pendu dans le vide, accroché à mon bout. Si je lâche, je tombe à l'eau.

Des bruits secs, violents, d'objets qui s'entrechoquent. Je comprends que *Groupama* est en train de chavirer. Et s'il me tombe sur la tête ? C'est la seule question que j'ai le temps de me poser. Je me retrouve sous le bateau, dans l'eau, en pleine nuit et en ciré complet.

Mille choses me passent par la tête. Mille images défilent devant mes yeux agressés par le sel de mer. L'eau est froide ! Glaciale ! Il faut que je me sorte de ce faux pas au plus vite ! Instinct de survie, je nage, vite, très vite ! Mon ciré se gonfle, mon corps devient plus lourd ! Chaque battement de bras et de jambes est un supplice, mais la volonté et les nerfs me poussent vers mon embarcation que j'arrive finalement et fort heureusement à regagner par l'arrière.

Merde ! Merde ! Merde !

Je ne sais plus combien de fois j'ai crié ma colère avant de déclencher ma balise de détresse. Sur l'instant, comme le passager d'un avion qui n'écoute jamais les consignes de l'hôtesse avant le décollage, je me demande même ce que je dois faire. Quelle est la procédure exacte ? Je découvre le chavirage.

Être vu, c'est la priorité. Je grimpe sur la coque centrale pour arrimer un flash-light autour de la dérive et retourne à l'intérieur pour remettre de l'ordre. Trois minutes…

Bang !…

Je manque de perdre l'équilibre. On vient de me rentrer dedans. Pris d'effroi, j'attends de voir un monstre de métal, un cargo ou un chalutier traverser la coque. Mon heure est arrivée. Je ferme les yeux.

Crack !… Bong !

Puis, plus rien. Après avoir imaginé le pire l'espace d'une seconde, je rouvre les yeux, soulagé. Je ressors pour comprendre. L'étrave jaune et verte du trimaran *Bonduelle* est encastrée dans la plate-forme renversée de mon *Groupama*. Son skipper, Jean Le Cam, debout juste devant moi avec sa lampe frontale, m'interroge, stupéfait, son tangon toujours dans les mains.

— Qu'est-ce que tu fous là ?

— Ben, à ton avis ? J'ai chaviré !

Un dialogue aussi déconcertant que la situation dans laquelle nous sommes à ce moment-là. Pour sortir du piège, Jean a enclenché la marche arrière, et la lumière de *Bonduelle* disparaît dans la nuit au large de Roscoff. Malheureusement, cette ahurissante collision a également laissé des traces sur son trimaran, et l'ancien équipier de Tabarly doit abandonner au petit matin à Camaret.

Le bilan de cette collision aurait pu être encore plus lourd puisqu'un autre bateau nous a évités de justesse. Je ne sais plus si Jean était encore prisonnier de mon trimaran retourné à ce moment-là, mais on a hurlé de toutes nos forces pour éloigner le danger. Il faisait nuit noire. C'est passé à quelques mètres.

Tous les concurrents sont sur la même trajectoire, et personne n'imagine un bateau chaviré en travers de sa route. C'est là le danger quand les « solitaires » lâchent la barre pour la manœuvre suivante, la cuisine ou la table à cartes. J'ai déclenché ma balise de détresse en espérant ne plus faire de nouvelles rencontres.

C'est le canot tout temps *Président Toutain* de la SNSM de Ploumanac'h qui arrive en premier sur moi. Les vagues deviennent méchantes, et deux sauveteurs, visiblement plus effrayés que moi, proposent de me rapatrier. Mais j'ai apprivoisé la situation et décide de rester à bord. Je veux surtout qu'on ramène le bateau. Sans perdre de temps.

Il faut s'y reprendre à plusieurs fois pour amarrer la remorque sur l'étrave, dans les sauts de vagues. À trois, tous en combinaison de survie. Toute la nuit, je reste sur le bateau avec au moins un secouriste pour surveiller la remorque qui rompt à maintes reprises. À l'arrivée dans la baie de Roscoff, je m'accroche à la dérive, assis à cheval sur la coque centrale. L'image fait sensation.

Certains me reprochent et l'ont souvent crié haut et fort à qui veut l'entendre que, ce jour-là, j'ai tout fait pour me mettre en scène, pour la télévision. S'ils savaient ! Je n'ai jamais recherché cela. Là, assis sur ma coque, je tiens surtout à être au sec pour surveiller la remorque… Et c'est le meilleur endroit. À l'intérieur, c'est plein d'eau et c'est le noir complet.

Alors, je suis aux aguets. La fatigue n'existe pas. Je suis tellement vert d'avoir chaviré que je n'ai absolument pas envie de dormir. Même la nuit suivante, je n'arrive pas à trouver le sommeil. Malgré tout, je garde surtout en mémoire l'arrivée à Roscoff. La foule le long des jetées. Dans la nuit, sur l'eau, je ne voulais plus voir personne et finalement le soutien du public m'a réconforté.

À cheval sur ma coque à l'envers, j'ai refait le film pour tenter de comprendre ce que j'avais raté au moment du chavirage.

Ce que je n'avais pas suffisamment préparé pour éviter un tel accident. Quel système faudra-t-il bientôt mettre en place pour intervenir à distance ? Le risque zéro n'existe pas et j'avais fini par l'oublier.

Malgré ce fâcheux épisode, le soutien de Groupama est indéfectible. Aussitôt l'annonce du chavirage, je sais que l'aventure continue, et on ne perd pas tout à quitter la course les premiers. Les retombées de cet abandon, à la fois prématuré, inattendu et spectaculaire, sont exceptionnelles.

Les médias en parlent énormément. Beaucoup plus que les quatorze abandons qui suivront dans cette terrible Route du Rhum, remportée par Michel Desjoyeaux devant Marc Guillemot et Lalou Roucayrol. Les trois seuls trimarans à l'arrivée sur dix-huit au départ ! Après moi le déluge ! Une véritable hécatombe. Je comprends parfaitement l'état d'esprit des skippers qui n'ont pas réussi ou voulu repartir. Il y a Bertrand de Broc, qui s'arrête à Brest et abandonne pour de bon le solitaire en trimaran. Il y a aussi Jean-Luc

Nélias, qui répare à Port-la-Forêt et se prend la bouée en repartant alors qu'il la connaît parfaitement. Comme s'il ne voulait plus y retourner. Inconsciemment. Plusieurs ont été refroidis par ce qui se passait déjà sur l'eau et la terrible dépression qui n'était pas encore arrivée.

La nuit suivante, j'ai dormi avec Ambre chez une amie qui tient un hôtel à Roscoff. Ambre, c'est ma compagne depuis trois ans. Et, la semaine avant le départ de la Route du Rhum, elle m'a annoncé qu'elle était enceinte. Je rentrais du bateau, un soir à la maison. Une sacrée surprise !

C'est une joie de devenir papa, même si, à ce moment précis, ce n'est pas l'heureux évènement que j'attendais. Au fond de moi, je considère que c'est un peu tôt. J'aurais préféré l'apprendre plus tard. Là, il fallait que je songe d'abord à ma Route du Rhum, à ma course… D'ailleurs, pour le père d'Ambre, si j'ai chaviré, c'est parce que je pensais déjà à la naissance de notre premier enfant.

Pas du tout ! Je n'ai pas eu le temps de me poser ces questions. C'est arrivé si vite !

Quatre ans plus tard, en 2006, ma Route du Rhum sera une nouvelle grande déception. Un long sprint à travers l'Atlantique, que je termine à la cinquième place. L'année du record exceptionnel de Lionel Lemonchois : 7 jours 17 heures 19 minutes et 6 secondes. Un record qui tient toujours !

J'avais tout pour réussir. Un nouveau bateau, *Groupama 2*, très rapide, et une solide expérience. Le problème, c'est que la météo est trop simple et trop rectiligne. Un long bord de travers entre la pointe de l'Irlande et la Guadeloupe, où il faut juste attaquer en utilisant au mieux la puissance du bateau. Mon véloce trimaran n'est pas le meilleur à ce jeu-là. *Gitana 11*, si ! Et je n'arrive pas à suivre le rythme que lui imprime Lionel Lemonchois.

D'ailleurs, en début de course et alors que je file « sécure » à 22 nœuds en attendant le lever du jour pour attaquer, je vois Lionel passer à côté de moi à près de 30 nœuds. Sur le coup, je ne m'affole pas, persuadé que je le rattraperai plus tard. Quelle erreur ! J'accélère, mais jamais autant que lui. Et ses moyennes sont constamment deux à trois nœuds plus rapides.

Il y a aussi Pascal Bidegorry qui fait une belle course. Après, c'est très serré entre les places de trois et cinq. Mais le cœur n'y est plus. Un brin désabusé par cette Route du Rhum qui m'échappe pour la deuxième édition consécutive, je n'arrête pas d'appeler Perrine, ma nouvelle compagne. Tous les jours, je l'ai au téléphone. Elle-même s'en étonne.

Il y a aussi la fatigue. Terrible. À rester des jours entiers dans le cockpit. J'ai des hallucinations. Le pull au fond du bateau ou la voile affalée que je prends pour un équipier qui dort… Et cette voix que j'entends sur le flotteur au vent.

Ce n'est pas le bruit des vagues ou du vent sur les voiles. C'est une vraie hallucination. Et j'en suis tout à fait conscient. Je me dis chaque fois qu'il est grand temps d'aller dormir. Alors, je choque légèrement les écoutes pour trouver le sommeil à mon poste de barre. Des microsiestes d'un quart d'heure maximum. Des microsiestes où je me réveille avant l'alarme parce que je sens que le bateau a bougé. Nous faisons corps.

Et c'est un grand corps malade qui est à l'arrivée en Guadeloupe. Mon pilote est en carafe, la batterie déraille et, sans GPS, j'ai un mal fou à trouver la ligne sous une violente averse. Il est temps que ça se termine.

À Pointe-à-Pitre, j'apprends que Lionel Lemonchois a passé presque toutes ses nuits à l'intérieur du bateau… à

32 nœuds de moyenne. Moi, à vingt-deux, j'étais dehors à la barre, de peur de chavirer. Pas le même monde !

J'aime la victoire, la conquête de la victoire. Mais j'ai des doutes à partir d'une certaine vitesse avec le bateau, surtout depuis mon chavirage avec Franck Proffit dans la Transat Jacques Vabre. Alors, je garde un pied sur le frein pour intervenir à la moindre alerte. Le calvaire de Franck m'a marqué. C'est sûr.

Kalvön, Puttisholmen, Vekarna, ce sont les premières vacances de Thaïs dans l'archipel de Stockholm. L'été dernier, j'étais parti avec Stève dans un raid à travers la Baltique. Cette fois, c'est une croisière plus tranquille malgré les moustiques. Thaïs a trois semaines. Elle est née le 30 juin 2003, à la veille du Grand Prix de Marseille.

Thaïs est née à Suresnes. Malgré la distance, je monte vite fait et j'assiste à l'accouchement au milieu de la nuit. Je suis comblé. Ambre met au monde une jolie petite fille ! Un bonheur que je n'imaginais pas. Sans verser de larmes, mais avec la chair de poule, je découvre ce grand rayon de soleil qui illumine la chambre. Je la regarde, je l'embrasse, mon cœur bat plus fort. Thaïs s'est endormie, sa maman se porte bien, mais l'heure tourne, et je dois déjà repartir à Marseille. Je gagne le Grand Prix.

Trois semaines ont passé, et nous voilà donc réunis, toute la petite famille, sur les eaux bleues de l'archipel de Stockholm. À croiser entre des centaines d'îlots recouverts d'arbres sur un petit monocoque de dix mètres cinquante. À mouiller entre deux rochers. L'ancre qui chasse parfois la nuit.

Hier, le bateau a talonné au passage d'une île. Ma carte n'était pas à jour. Sous le choc, la petite a disparu, ratatinée au fond de son couffin. Sans verser de larmes. Beau baptême ! On a réussi à se dégager, mais il a fallu écoper pour rejoindre un port en Finlande. Il est temps que les Grands Prix reprennent.

Mais, en attendant, je déménage à Scaër, le pays des lutteurs bretons. Une petite maison loin de tout, où seuls les agriculteurs qui y exploitent leurs terres ont le droit de construire. Ce n'est pas une ferme, mais une construction à ossature de bois, au milieu d'un champ entouré d'arbres, qui donne sur un chemin de campagne.

Je reproduis en quelque sorte l'univers de mon enfance à Vauvenargues, au pied du massif de la Sainte-Victoire. J'y retrouve la même ambiance, le même calme, la même sérénité… à vingt minutes de Quimper par les petites routes. Le même retour à la nature sans avoir à arroser les cyprès tous les soirs, comme je devais le faire quand j'étais gamin. En Bretagne, ils s'arrosent tout seuls… pendant les plateaux-télé et les Grands Prix de formule 1, autre sport qui me passionne.

Ma deuxième fille, Jade, naît le 27 janvier 2005. Nous sommes chez les parents d'Ambre, qui habitent un moulin près de La Trinité-sur-Mer, un très joli endroit.

Dès les premières contractions, je prends le volant pour conduire la maman à la maternité à Vannes. Deux heures après, Jade arrive au monde. Thaïs, très marrante avec ses bouclettes, fait alors ses premiers pas. Ambre et moi, on se sépare six mois plus tard.

Je ne suis jamais là, et, à force de ne plus se voir... Notre amour n'était pas assez grand pour passer ce cap. Et le déménagement à Scaër n'a rien arrangé. Ambre me suivait volontiers pendant les courses, mais ne supportait pas de rester seule ou avec les petites à la maison. Dans cette maison loin de tout. On est restés six ans ensemble.

Au début, la séparation est facile. Ambre, qui a repris ses études, loue une maison pas loin de La Trinité-sur-Mer, ce qui me permet de voir souvent les petites. Mais elle part ensuite avec les filles s'installer à Vauvenargues, le village de mon enfance. Par la force des choses, j'espace mes visites. Aujourd'hui, ma mère s'occupe beaucoup de Thaïs et Jade. Beaucoup plus que moi !

Thaïs, qui vient d'avoir 11 ans, et Jade, neuf ans, ont pris l'habitude de me croiser entre deux bateaux, le temps d'un week-end à l'hôtel ou d'une escalade au pic des Mouches. Je n'arrive pas à passer plus de temps avec elles.

Est-ce que ça me manque ? Oui…, des fois ! Surtout qu'elles grandissent de plus en plus vite, et je n'ai pas été là, je ne suis pas souvent là pour elles.

Des regrets ? Non ! Je ne pouvais pas mener de front leur éducation et la voile de haut niveau. Pas tout seul !

Thaïs et Jade m'appellent parfois pour me dire qu'elles m'ont vu à la télé. Surtout la grande, elle est fière. Un jour, j'ai accompagné sa classe à la Sainte-Victoire avec les instituteurs et les parents d'élèves. Une sortie en mode papa poule, Thaïs était à donf ! Papa poule. C'est si rare !

J'ai aimé son sourire ! La fierté dans son regard !

Un vent à arracher la queue d'un âne ! C'est le juge de paix de cette Transat anglaise 2004 entre Plymouth et Boston, rebaptisée *The Transat.* Ma dernière course en solitaire sur *Groupama*, le trimaran de mes débuts.

Le berceau de ma naissance, dans la course au large. On a une énorme dépression à franchir en plein milieu de l'Atlantique, et, chez les Anglais, cette dépression est plus près du Groenland que des Açores. Ce qui n'a rien de rassurant. La nuit qui précède, peu avant la moitié de la course, j'ai vu qu'on allait ramasser grave. Personne ne peut exclure un chavirage.

Le jour tombe, et le vent qui rentre… La nuit sera bientôt horrible dans le coin. Un drôle de coin qui craint vraiment, au nord… de l'Atlantique Nord, où un vent glacial souffle à plus de 90 km/h. Les vagues explosent sur le poste de barre. Infernal !

L'expérience aidant, j'ai adopté la conduite sous l'emprise de la tempête et du pilote automatique. Il suffit que je me fasse violence. Que j'accepte de ne pas aller au maximum des possibilités du bateau à ce moment précis. La course aux paradoxes.

À la sortie, c'est journée bricolage, une zone d'icebergs à éviter, les organisateurs n'ayant pas prévu qu'on monte au nord de Terre-Neuve, et la troisième place à quarante-huit heures de l'arrivée. J'espère encore, mais rien n'y fait. Comme il y a quatre ans, je dois me contenter de la troisième marche du podium derrière celui que toute la France surnomme le « roi de la solitaire », Michel Desjoyeaux, beau vainqueur de cette Transat anglaise, et Thomas Coville.

Après, c'est la Québec-Saint-Malo, avec un arrêt au stand dans le brouillard de Saint-Pierre-et-Miquelon. À la lumière des bateaux de pêche amarrés sur le quai, Daniel Souben plonge dans les eaux froides du port pour changer le safran. Je n'ai le temps de remercier personne et je le regrette.

J'aimerais revenir un jour à Saint-Pierre-et-Miquelon pour y passer plus de temps, découvrir ces maritimes à la vie si particulière. Ces visages burinés par le vent, le froid et l'océan. Une communauté qui s'est rassemblée pour nous venir en aide. Des gens habitués à se serrer les coudes. Ensemble. Une petite famille française sur une île perdue dans le brouillard de l'autre côté de la terre.

Puis on a cavalé. Pas suffisamment pour rattraper Karine Fauconnier, vainqueur à Saint-Malo en 7 jours et 21 heures à la barre de son trimaran *Sergio Tacchini*. On a cavalé. Sur un patin pour coiffer Michel Desjoyeaux au cap Fréhel et prendre la deuxième place sur le fil avec moins de deux minutes d'avance. Ma dernière course avec *Groupama*. Sa dernière ligne d'arrivée. Son dernier podium, le 26 juillet 2004.

Certains embrassent leur bateau. Pas moi. Pas besoin. J'y pense toujours !

Je remporte mon dernier titre de champion du monde Orma (association des multicoques des courses océaniques) en 2007, l'année de sa disparition. Au total, j'en ai gagné six sur douze (2000, 2001, 2003, 2004 et 2006). Loïc Peyron, quatre, dont le premier en 1996, et les deux autres sont pour Laurent Bourgnon (1998) et Pascal Bidegorry (2005).

La catégorie des trimarans 60 pieds était une classe en avance sur son temps. Il suffit de voir ce qui se passe aujourd'hui avec la Coupe de l'America. Une classe en avance sur son temps sur la scène internationale et ignorée des Anglo-Saxons à son démarrage.

En 2006, le barreur néo-zélandais Russell Coutts a navigué sur *Groupama 2* parce qu'il voulait faire un circuit mondial de catamaran de 70 pieds dans des courses portuaires. Il avait été emballé, et c'est l'une des raisons pour lesquelles il m'a fait venir en 2009 sur son grand trimaran *Oracle* pour préparer la Coupe de l'America 2010.

L'idée du circuit Orma était de proposer des courses à l'année aux trimarans construits et mis au point pour les grandes courses médiatiques comme la Route du Rhum, la Transat anglaise, la Québec-Saint-Malo, voire le Tour de l'Europe.

Des courses sous forme de Grands Prix qui offraient un beau spectacle et des sensations fortes aux coureurs. C'était un circuit équilibré, complet. À son apogée en 2002, il comptait quinze bateaux, et c'était presque trop parce que, forcément, vu le nombre, certains pouvaient se sentir laissés-pour-compte en matière de retombées médiatiques et économiques.

Mais c'était oublier que les Grands Prix servaient d'abord à rentabiliser l'investissement dans les périodes creuses en utilisant des bateaux déjà préparés pour les grandes épreuves océaniques.

Le pire dans cette histoire, c'est que l'on m'a surtout reproché, avec Loïck Peyron, de tout gagner. C'était exprimé de façon plus subtile. Du style : « Un Grand Prix, c'est un stade pour *Groupama*, où l'on joue pour la deuxième place. Quel intérêt ? »

C'est ça, pourtant, la compétition ! Aux Jeux olympiques, Usain Bolt est quasi certain de gagner le 100 mètres depuis huit ans. Cela n'empêche pas les autres de prendre le départ pour tenter de le battre ! C'est pareil pour le judoka français Teddy Riner. Pourquoi diable ses adversaires montent-ils encore sur les tatamis ? Je peux encore citer Sébastien Loeb lorsqu'il pilotait en rallye. Quand je suis arrivé dans le circuit Orma, Loïc Peyron aussi gagnait tout.

Les équipes ont manqué d'une organisation plus encadrée, plus professionnelle, avec des bateaux et des équipages qui arrivent à l'heure. Ça ne collait pas avec l'état d'esprit du moment, où la vie des skippers s'articulait autour de deux à trois grandes courses par an. Beaucoup préféraient des aventures en solitaire ou en double. *Made in* France.

La parade, aujourd'hui, c'est la chasse aux records, qui est aussi un mode d'organisation relativement simple. On choisit quand on part et on a toujours l'excuse de la fenêtre météo quand le bateau ou l'équipage n'est pas prêt.

Battre un record reste un exploit, mais courir après un chronomètre n'a pas le piment tactique d'une course quand tous les concurrents partent le même jour dans les mêmes conditions météo.

Comment déterminer le niveau réel d'un équipage et d'un projet sur un trophée Jules-Verne, sachant que, la météo, c'est 90 % du niveau du temps de parcours en mer. C'est la météo qui fait le temps de parcours ; alors, évidemment, il y a toujours la performance du bateau, mais, entre tous les multicoques qui se battent aujourd'hui autour du monde, il y a 5 % de différence de potentiel de vitesse, pas 90 %.

Pour en revenir à l'Orma disparue, je peux comprendre ceux qui en avaient marre de se battre pour la quatrième ou la cinquième place de ce championnat. Mais c'est quand même mieux qu'une victoire dans une régate hivernale, même à Port-la-Forêt. Les trimarans 60 pieds proposaient surtout cette dimension sportive. Que les Américains nous copient aujourd'hui.

Beaucoup de fans et passionnés de voile ou amateurs de grands spectacles ont suivi la dernière Coupe de l'America sur Canal Plus. Les images spectaculaires de ces bateaux qui volent et un scénario digne d'Hollywood. La fin du film a fait le tour du monde, mais les premiers coups de manivelle remontent à la fin des années 1990, quand l'Orma diffusait sur Internet, puis sur écran géant, les images virtuelles des voiliers, rendant plus lisibles les trajectoires et les tactiques de course pour le grand public. La préhistoire de la 3D. La voile française avait dix ans d'avance. Le public n'a pas adhéré, et les télés n'ont pas suivi. Trop d'avance sur son temps.

Il était une fois les départs sur une coque à 25 nœuds. Les passages de bouées à se tordre une main et les mâts qui basculent. Il était une fois *Groupama*, le plus vieux bateau de la flotte, qui gagne un Grand Prix en 2004.

Il était une fois *Groupama 2*, l'une des plus belles réussites technologiques de notre team, vainqueur de tous les Grands Prix en 2006 (Fécamp, Portugal, Marseille, Trapani et Londres-Nice).

Il était une fois la Coupe de l'America…

VIII

Au-delà des frontières

L'automne cogne à la fenêtre. Un crachin monocorde. Minuit. Il est temps que je referme ce dernier magazine tiré de mon étagère « suédoise ». Le *Voiles et Voiliers* de juillet 2002 qui consacre un bel article au tour du monde de Bruno Peyron sur *Orange*. Depuis, l'aîné des Peyron a repris le trophée Jules-Verne des mains du vicomte Olivier de Kersauson de Pennendreff (son vrai nom), et de quelle manière ! Près de quatorze jours de mieux. J'adore me replonger dans ces « vieux » articles.

Depuis la victoire dans la Jacques Vabre avec Stève Ravussin en 2007, j'enchaîne les records sur mon nouveau *Groupama 3*, un trimaran de 31,5 mètres de long, inspiré des 60 pieds. Une bête à chrono équipée de foil. La voile moderne. La route de la découverte, Miami-New York et l'Atlantique avec en prime le record de la plus grande distance parcourue en vingt-quatre heures. Les quatre records en poche, la vie est belle, mais c'est un tour du monde qui se profile maintenant, la conquête du trophée Jules-Verne. Et je me pose encore des questions.

Avec la Route du Café, je suis descendu jusqu'au nord du Brésil. En dessous, c'est l'inconnu. Les quarantièmes rugissants ? Les cinquantièmes hurlants ? L'océan est bien plus vaste au sud, où la terre s'éloigne, qu'au nord de l'Équateur. Le Cap, les Kerguelen, l'océan Indien et le Pacifique Sud… Le grand Sud de mes premières lectures à Frazione-Villaretto. Ce grand Sud qu'il me reste à découvrir.

J'ai lu tous les comptes rendus de courses des uns et des autres. Je ne rate jamais un épisode du Vendée Globe, mais, dans mon esprit, passé l'équateur commence un long tunnel. Un tunnel de l'inconnu. Je pars à l'autre bout de la Terre pour retrouver mon jardin au plus tard dans cinquante jours. Malgré mon *sourire beau comme un masque*, comme l'a écrit il y a deux ans, avant la Route du Rhum, Luc Le Vaillant dans *Libé*, j'ai le trac.

Peut-être même de l'appréhension, mais rien de comparable avec le stress de ma première transatlantique en solitaire. Je suis en équipage et très bien entouré. Ils sont tous capables de mener le bateau sans moi, et mon inexpérience va se diluer dans l'ensemble de leurs connaissances.

Je fais les présentations. Sébastien Audigane : excellent barreur, discret et très efficace, contre qui je me suis battu à mes débuts en Figaro. Son calme est le contre-pied de Stève Ravussin. Il faut toujours une moyenne. Jacques Caraës : dans tous les coups avec moi. Jovial, toujours super positif et une expérience incroyable.

Un formidable raconteur d'histoires avec lequel le temps passe encore plus vite autour de la Terre. Ronan Le Goff : derrière l'impression de nonchalance qu'il laisse généralement à terre se cache un grand professionnel qui prépare extrêmement bien les choses.

Il était déjà mon préparateur en Figaro l'année de ma victoire. Tous les trois détiennent le trophée Jules-Verne. Ils faisaient partie de l'équipage de Bruno Peyron sur *Orange II* en 2005.

Il y a aussi trois « ex » de The-Race, une course autour du monde en équipages imaginée par Bruno Peyron, une course qui n'a pas survécu à sa première édition en 2000. Franck Proffit, qui sait tout faire sur un bateau et vit bien à la mer a resigné, malgré notre chavirage en 2005 dans la Transat Jacques Vabre. Vivre bien à la mer, c'est ne connaître ni la fatigue ni la lassitude, même quand les conditions sont difficiles. Franck a toujours l'envie, la motivation, l'énergie et sait répondre présent.

Ce n'est pas la même jovialité que mon ami Stève Ravussin, mais tous les deux attaquent très bien à la barre. Il faut des gens comme ça. Fred Le Peutrec, qui a touché à l'olympisme avant la course au large, est également un excellent barreur. Mon but, c'est d'aller vite. Enfin, Loïc Le Mignon, l'un des numéros un ! Une vraie gueule de marin breton avec sa boucle d'oreille, fort en muscles et puissant. Les tâches ingrates ne lui font pas peur ; c'est lui qui connaît le mieux le bateau.

L'équipe compte également un multirécidiviste de la Whitbread, Jan Dekker, un Sud-Africain qui parle très bien français. Il a navigué sur *Groupama 2*, et c'est l'un des numéros un les plus efficaces que j'ai connus.

Stève et moi, nous sommes les seuls à n'avoir jamais fait le tour du monde.

Mon équipage, je l'ai composé six mois avant que le bateau ne navigue. Je veux que mes équipiers s'investissent, interviennent dans les derniers temps de la construction, sur la mise en place des systèmes pour connaître *Groupama 3* sur le bout des doigts. Certains le font plus naturellement que d'autres. À l'étranger, pour qu'un équipier vienne sur le bateau, il faut lui payer sa journée. En France, c'est encore l'esprit d'aventure. Il y a moins de mercenaires.

Pendant la construction du bateau, je suis passé au chantier. C'est aussi une façon de mettre la pression, d'être exigeant, voire intransigeant. Ami ou pas, je dis les choses sans arrière-pensées, seulement pour obtenir le meilleur de chacun. Faut avoir l'esprit ouvert. Pas toujours facile !

Autour de moi, j'ai réuni des marins d'expérience, capables de vivre en communauté et sur la même longueur d'onde. Pas des mecs à problèmes. Celui qui voit toujours le verre à moitié vide, critique sans être productif. Un critique les bras croisés. C'est une équipe qui joue collectif. Des gars qui travaillent bien ensemble et, pour la plupart, avec lesquels j'ai déjà navigué. Le jour où je les ai appelés, ce n'était pas une surprise pour eux. Je les connais donc tous…, à part notre navigateur, Yves Parlier, qui remplace au pied levé Marcel Van Triest, dont l'épouse a des problèmes de santé.

J'ai croisé le marin d'Aquitaine dans les allées du Salon nautique à Paris, trois semaines avant le début du stand-by. Il s'était occupé de la navigation pour Lalou Roucayrol en Orma. Il était libre. Il a le profil idéal !

Dans la nuit, sous un ciel couvert, mais rien de méchant, *Groupama 3* file donc vers la ligne de départ. Nous sommes le 24 janvier 2008. Le réveil, hier matin, n'a pas été facile, même si j'essaie d'évacuer la pression depuis plusieurs jours.

Depuis qu'une fenêtre météo s'ouvre enfin sur la première semaine du Jules-Verne. Pareil sur les quais de Lorient dans l'après-midi après un déjeuner à huis clos. C'est une vraie aventure. Quarante-quatre mille cinq cents kilomètres à travers les océans. Il y a donc forcément du stress à l'heure des derniers préparatifs. Paroles de marins. Pour accepter d'abandonner la terre, il faut commencer par quitter le port. La base sous-marine…, Kernevel…, Port-

Louis. Retrouver son équipage, hisser les voiles, ne plus penser aux siens, mais à ce qui vient.

Cette alchimie du départ se fait en douceur. Pas sur un cri de guerre. Personne ne se tape dans les mains en criant « Youpi ! On part faire le tour du monde ! » C'est plus intime. Chacun de nous vient de quitter une compagne, des enfants, des proches pour un périlleux voyage de cinquante jours, avec sa propre émotion, sa propre sensibilité.

Alors, à chacun sa manière d'entrer dans l'aventure. Loïc est déjà au travail devant, Yves, à sa table à cartes ; d'autres s'affairent autour du mât sans dire un seul mot. J'appelle ça « switcher », travailler sur le bateau à son rythme pour oublier le reste et entrer progressivement dans son tour du monde.

La ligne de départ entre le phare du Creac'h, à Ouessant, et le cap Lizard, en Angleterre, est franchie le matin du 24 janvier 2008 à 8 h 50 min 17 s (heure française). De la houle et du vent dans la descente du golfe de Gascogne. Toujours la même formule, mais jamais la même histoire, jamais les mêmes déferlantes, jamais les mêmes rafales. Ma découverte du monde commence là.

Et quand la mécanique s'en mêle... Dans les alizés, juste avant le Cap-Vert, la cloison centrale du bras arrière cède dans un énorme craquement. Pour nous rassurer, l'équipe à terre nous explique qu'il n'y a absolument rien à craindre. Même si cette cloison n'existait pas, on pourrait continuer comme ça. Avant d'ajouter que ce serait quand même bien de la réparer. Merci, les gars du team.

Je lance donc la réparation, surtout qu'avec Yves Parlier, le MacGyver des océans, capable de coller deux morceaux de mât avec une ampoule et plein de bonnes idées, je dispose de l'un des meilleurs spécialistes du carbone. Yves va s'y atteler, mais à son rythme. Qui n'est pas le mien.

La réparation traîne en longueur, alors qu'on est dans la zone météo idoine. Après, dans le Sud, on n'aura plus le temps. Certes, Yves et Stève Ravussin (qui est aussi un bon « strateur »), font leur possible, mais ça recasse, et il faut de nouveau réparer.

Nous venons de signer un nouveau temps de référence au passage de l'équateur en 6 jours 6 heures 24 minutes et 43 secondes. *Groupama 3* compte plus de vingt heures d'avance sur le record, mais j'ai la tête des mauvais jours. La tête des mauvais jours parce que cette réparation difficile nous empêche de naviguer correctement.

Elle absorbe toute l'énergie d'une partie de l'équipage dans la descente vers le sud. J'ai la tête des mauvais jours parce qu'après des dizaines d'heures de travaux infructueux, on n'a pas d'autre solution que de sortir la boîte à vis et le cruciforme. Du bricolage.

Mes premières images de l'Indien, c'est une houle gigantesque d'une dizaine de mètres baignée par un halo lumineux, sous un ciel très bas. Je vis les yeux ouverts. *Groupama 3* dévale des montagnes d'eau. La crête des vagues est à 45 degrés au-dessus de l'horizon. Ce sont les vagues que j'imaginais, pas le vent que j'espérais. Rien qui nous emmène rapidement vers l'Australie. Nous n'avons plus qu'à croiser les doigts pour le Pacifique.

Le froid, l'eau des vagues qui ruisselle à l'intérieur de la coque centrale, la condensation, la fringue sèche est en voie de disparition, mais il faut respecter les plannings des sacs étanches. Quitte à effectuer son quart dans un ciré mouillé. On prend notre mal en patience, mais c'est de plus en plus difficile de sortir de nos sacs de couchage. Le temps de s'habiller. Vingt minutes à enfiler plusieurs couches de vêtements humides les uns sur les autres avant d'affronter un vent glacial. On ne s'y habitue jamais. Et, avec Yves

Parlier, il y a de la friture sur la ligne. On ne partage pas la même approche stratégique. Je refuse de suivre sa route plus vers le sud, plus près des champs de glace pour gagner une misère. Les mauvaises rencontres, trop peu pour moi. Même avec moins de vent, *Groupama 3* a la faculté d'avancer aussi vite que le bateau de Bruno Peyron.

La preuve, au large de la Nouvelle-Zélande, nous possédons encore une journée d'avance sur le record d'*Orange II* établi en 2005 (50 jours 16 heures, 20 minutes et 4 secondes). On a perdu un peu de terrain par rapport à notre entrée dans l'Indien, mais la météo ne nous facilite pas la vie. La nuit dernière encore, le 17 février, ça a beaucoup tapé. Une violente dépression avec plus de 45 nœuds de vent. Deux lattes de grand-voile n'ont pas survécu.

Tournée de baume générale au vingt-quatrième jour de course. Le vent a baissé ce matin et, pour la première fois depuis le départ, on aperçoit la terre, au sud-est de la Nouvelle-Zélande. On profite de ce passage rassérénant le long de la côte pour changer les lattes cassées. Direction le Pacifique.

— Rentrer ! Rentrer ! Rentrer vite !

C'est la voix de Franck Proffit ! Je ne veux pas le croire, mais j'ai bien entendu aussi un bruit bizarre. Du carbone qui craque... Les gars se précipitent à l'intérieur. Je sors la tête. C'est le flotteur sous le vent qui vient de casser juste à l'arrière du bras avant. Entre le foil et le bras, le pire endroit. Sorte de talon d'Achille à l'effet papillon. Les deux bras de liaison cèdent à leur tour, et notre trimaran se retourne comme un monocoque qui perd sa quille. Rien de brutal. On a tous le temps de s'accrocher, de parer pour éviter la chute. *Groupama 3* se couche lentement sur le côté, puis finit de chavirer quand le mât vole en éclats quinze secondes après avoir touché l'eau. Il est 0 h 43 en France.

Un flotteur plié en deux sous le trampoline. Des pièces de mât coincées dans ce qu'il reste des bras de liaison. C'est un enchevêtrement de carbone ballotté par des vagues de plus de cinq mètres. Les secours s'organisent.

Seul dans mon coin, je cherche à comprendre.

Comment tout cela peut arriver après un demi-tour du monde et tous les records que l'on bat depuis un an. Même les derniers tests effectués à Lorient étaient excellents. Rien ne pouvait prévoir cet accident.

La mer se calme, et les gars sortent leurs couteaux suisses pour sauver ce que l'on peut sauver. Certains blaguent même devant la caméra de notre grand reporter Jacques Caraës. C'est une belle équipe. Tous ont déjà vécu un gros accident dans leur carrière, ce qui aide à accepter et mieux gérer la situation, d'autant qu'il n'y a aucune victime. Aucun blessé.

Notre chance, c'est d'avoir chaviré près des côtes, à quatre-vingt milles à l'est de la Nouvelle-Zélande. Après, c'était le Pacifique Sud, et, avant, nous étions au cœur de l'Indien. Ce vingt-quatrième jour de course constitue le seul moment où l'on pouvait chavirer sans risquer notre vie. L'espace d'une dizaine d'heures. Pas plus. Une paille à l'échelle d'un tour du monde.

Mon téléphone sonne. C'est Jean Azema, le directeur général de Groupama. C'est la nuit en France. Il m'appelle pour prendre des nouvelles, dire qu'on a bien navigué jusque-là, qu'on n'y est pour rien et que l'aventure continue. Sébastien Audigane vient de retrouver sa clef de 18 au fond de la boîte à outils. On sait qu'on va remettre ça !

— Vite un bout ! Un bout pour Loïc !

Loïc Le Mignon a sauté à l'eau, dans sa combinaison de survie, pour retirer un morceau de carbone qui tape sous la coque, mais l'affaire tourne mal. Il a beau nager de toutes ses forces, impossible de revenir. Pire, il s'éloigne. Panique à bord. Ouf ! Loïc saisit le bout qu'on lui lance et prend appui sur une vague pour remonter sur le bateau. Mais c'était juste. Retourné et disloqué, *Groupama 3* dérive à une vitesse folle.

Pas vraiment rassurant, surtout que les sauveteurs néo-zélandais qui viennent d'arriver avec trois hélicoptères nous demandent de nous jeter à l'eau, un par un, pour l'hélitreuillage. Heureusement, il fait jour et les conditions météo ne sont pas mauvaises. Mais les visages se ferment.

Après cet hélitreuillage à sensation, une autre aventure commence à Dunedin, au sud de la Nouvelle-Zélande, une ville dynamique avec son port de commerce entouré de montagnes aux sommets arrondis. Chemises à fleurs, pantalon pattes d'éph et chaussures à talons. On rit comme des potaches avant un bal costumé. Fallait bien qu'on se débarrasse de nos combinaisons de survie, et la métamorphose est saisissante à la sortie d'un dépôt de vêtements de la Croix-Rouge qui nous fournit aussi le gîte et les lits de camp.

Le chavirage de *Groupama 3* devient un évènement national en Nouvelle-Zélande. C'est le plus grand sauvetage de l'histoire du pays par le nombre de marins concernés. Toutes les télés sont à Dunedin, et nous devenons les stars de la deuxième ville de l'île du Sud. Dans la rue, tout le monde nous reconnaît et nous invite dans les bistrots. Sympa !

Pour récupérer *Groupama 3*, qui dérive toujours, j'embarque dès le lendemain, avec huit équipiers, sur le *Clan MacLeod*. Un bateau de vingt-cinq mètres propulsé par un moteur de 1000 CV. Une vedette à passagers qui conduit habituellement les touristes sur les icebergs. À bord, le petit mousse de treize ans n'arrête pas de bouffer. Seul Yves Parlier est resté à terre pour la logistique.

Tronçonneuses, disqueuses, la boîte à outils est énorme. On découpe, on lime, on dévisse, mais rien n'y fait. Impossible de redresser le bateau après deux jours de travail. Deux jours où tout l'équipage s'est retroussé les manches. Deux jours en équilibre sur de pauvres pneumatiques dans la longue houle résiduelle du Pacifique. Heureusement, c'est l'été dans ce coin d'Écosse de l'hémisphère Sud, et il faut se rendre à l'évidence : *Groupama 3* ne se retourne pas. Il faut donc le ramener à l'envers, à la remorque du *Clan MacLeod*, à 2,5 nœuds de moyenne. Et, au bout du lent voyage, encore une mauvaise surprise.

De peur que notre trimaran, du moins ce qu'il en reste, coule et bouche l'entrée du petit port d'Otago, les autorités en interdisent l'accès, alors que des rafales à plus de 100 km/h sont attendues dans la nuit. Même l'ambassadeur de Nouvelle-Zélande à Paris ne peut rien faire dans l'immédiat. Le capitaine du port a dit non. Ce sera non.

— Vous n'avez qu'à le laisser sur une plage.

Quel con ! Vingt-quatre heures plus tard, le 23 février, il a fini par accepter.

Avant de passer le relais aux techniciens venus de France, nous sommes fêtés, un soir, comme des héros par la ville de Dunedin. Et le dernier jour est mémorable : les pilotes nous conduisent en hélicoptère au pied de notre avion, comme des stars du showbiz. Dunedin, un sacré souvenir…, sauf le capitaine du port.

Le 5 novembre 2009, c'est reparti pour un tour… du monde et je suis encore plus satisfait de m'élancer au large d'Ouessant sans la présence d'un autre géant à mes côtés. Un géant bleu et blanc : *Banque Populaire V* de Pascal Bidegorry. C'est lui qui m'a coiffé sur le fil début août dans la traversée est-ouest de l'Atlantique. Une transat supersonique, au contact, en moins de quatre jours à près de trente-trois nœuds de moyenne. Lui aussi vise le trophée Jules-Verne et, qu'il n'y ait pas de match à deux autour de la planète, ça m'arrange presque. On n'a pas les mêmes armes. Le piège d'un duel en haute mer, c'est le risque de la surenchère. L'obligation d'attaquer en permanence. On n'aura pas cette pression.

J'ai choisi de ne pas rappeler Yves Parlier, remplacé par l'Américain Stan Honey. Un sacré client qui vient de gagner la Volvo Ocean Race avec Mike Sanderson sur *ABN AMRO*. C'est l'un des navigateurs stars du tour du monde en équipage, et tout ce qu'il touche ou presque se transforme en or. J'aime bien m'entourer. La difficulté pour lui, c'est qu'il ne parle et ne comprend quasiment pas un mot de français. En outre, Stan est sourd d'une oreille et doit se sentir bien seul quand certains baragouinent dans leur patois. Mais celui que l'on surnomme le « maître des cartes » est toujours souriant, avenant.

L'équipage compte trois autres nouveaux : Bruno Jeanjean, Lionel Lemonchois et Thomas Coville à la place de Jan Dekker, Franck Proffit et Sébastien Audigane. Bruno Jeanjean, le moins expérimenté de tous, déborde d'enthousiasme. Ce tour du monde, c'est un rêve de gosse. En l'appelant au téléphone, je savais que j'allais faire un heureux. Il a fallu qu'il s'organise pour son boulot de capitaine de port de Palavas-les-Flots. Mais l'envie est si forte chez lui… Thomas Coville possède, lui, une expérience incroyable sur les grands multicoques.

En plus, il connaît le parcours par cœur. C'est aussi un équipier toujours loyal qui sait rester à sa place, même si sa notoriété est bien supérieure à d'autres. Lionel Lemonchois possède le même état d'esprit. Tous deux sont des adversaires sans problème d'ego, dont je connais le talent et les compétences. Une équipe de rêve.

Les premières heures ont été difficiles, mais, depuis le cap Finisterre, à la pointe nord-ouest de l'Espagne, c'est une descente plein pot. Trois journées à plus de six cents milles et un nouveau temps de référence à l'équateur : 5 jours, 15 heures, 23 minutes et 11 secondes, mieux qu'en 2008. Mieux que prévu. Et l'entrée dans l'Indien s'annonce bien. Ne reste plus qu'à glisser le long des côtes brésiliennes et contourner l'anticyclone de Sainte-Hélène qui va nous emmener à travers l'Atlantique Sud. La remise en état de *Groupama 3* a demandé plus de cinquante mille heures de travail. Un nouveau mât, les flotteurs remplacés et les bras de liaison réparés. C'est une bête de course plus solide et aussi performante qu'avant.

À chaque coup de tonnerre, des éclairs embrasent l'horizon. La mer grossit, et le vent se fait plus fort. Comme pour s'excuser Stan Honey hausse les épaules à mon arrivée à la table à cartes. Le front cette nuit s'annonce plus violent que prévu. *Groupama 3* joue au yoyo dans d'immenses gerbes d'écumes, à plus de 25 nœuds au-dessus des déferlantes.

Une mer éprouvante. Le prix à payer pour ne pas rater le TGV du 16 novembre pour le cap de Bonne-Espérance. Puis, ce matin, dans un choc de vagues, un gros clac. C'est une partie de la cloison du bras arrière du flotteur au vent qui a explosé. Impossible de continuer. Le cap Horn s'interdirait-il à moi ? De drôles de pensées me traversent l'esprit, mais je pense surtout à toutes ces années de travail réduites à néant… Et si ?

Et si on repartait une dernière fois avant la fin de l'hiver ? La réparation n'est pas très longue à réaliser, et, le temps de remonter à Brest, on pourrait, on ne sait jamais, on pourrait disposer d'une dernière fenêtre météo… pour se lancer une troisième fois à la conquête du trophée Jules-

Verne. Le coup est jouable. Et tout l'équipage est partant. Alors, banco ! Cap sur Le Cap pour la réparation. Le compte à rebours est déclenché.

À peine arrivé en Afrique du Sud, je profite de cet intermède pour démarrer le programme suivant : la Volvo Ocean Race, le tour du monde en équipage avec escales. La course de mon premier livre de voile. La course que le héros de ma jeunesse, Éric Tabarly, n'a jamais remportée en quatre participations.

Je profite de cet intermède pour ramener le bateau suédois, l'*Ex-Ericsson 4*, d'Allemagne jusqu'à Lorient. C'est ma première navigation sur un Volvo 70, avec Damian Foxhall, le plus morbihannais des Irlandais, qui m'épaule pour cette prochaine aventure. Un second, travailleur, très organisé et rigoureux, qui connaît parfaitement cette course pour y avoir participé depuis plusieurs années.

En soixante-dix jours, on a eu le temps de croiser Ouessant, casser au large du Brésil, réparer en Afrique du Sud, remonter à Lorient pour un check-up complet, puis rejoindre Brest et entamer un nouveau stand-by mi-janvier. Durant tout ce temps, un autre géant, *Banque Populaire*, qui n'en finit pas d'attendre, n'a toujours pas osé quitter la rade.

Le 30 janvier, Sylvain Mondon, le routeur à terre de *Groupama*, et Stan Honey, le navigateur, insistent au téléphone : une fenêtre vient de s'ouvrir. Pas une fenêtre comme on l'entend habituellement pour ce type de record, mais il y a peut-être un coup à jouer. Le coup de la dernière chance. Stan Honey mise sur un trou de souris à la sortie du golfe de Gascogne. Une fenêtre d'à peine trois heures, si étroite et si tordue que Pascal Bidegorry ne peut pas l'avoir retenue. Impensable ! Et ça aussi, ça fait mon affaire. Après, on verra bien si on passe. Stan Honey, lui, en est totalement convaincu.

Le 31 janvier 2010, on quitte le port de Brest presque en catimini, le jeu du chat Bidegorry et du trou de souris, même si une bonne partie de l'équipage a le sentiment qu'on fera bientôt demi-tour. Mauvais pressentiment. *Groupama 3* démarre sur les chapeaux de roue, passe la pointe de l'Espagne par la bonne fenêtre et compte six cents milles d'avance au passage de l'équateur. Avant le gros coup de frein à l'approche de l'anticyclone de Sainte-Hélène. Un classique.

Du bleu à n'en plus finir et trois malheureux courants d'air. On se traîne à moins de 10 nœuds depuis une demi-journée au large du Brésil. L'Atlantique Sud, quand ce n'est pas une vague qui casse un flotteur, c'est le vent qui joue les abonnés absents. Moins de 10 nœuds ! Un monocoque irait aussi vite. *Orange II* repasse devant. Où sont les quarantièmes rugissants ?

Au quinzième jour, *Groupama 3* coupe le cap de Bonne-Espérance avec 7 heures 30 minutes de retard. Pas terrible, également, le hors-d'œuvre servi dans l'Indien. La même barrière météo qui avance avec nous à la vitesse misérable de 20 nœuds. Quarante heures à se traîner avant d'enchaîner trois belles journées au nord des Kerguelen et signer, à la pointe de la Tasmanie, un nouveau record de la traversée de l'océan Indien en 8 jours, 17 heures et 39 minutes, le 23 février.

Nous entrons dans le Pacifique avec un peu plus de deux cents milles d'avance sur le record de Bruno Peyron. Mais je n'arrive pas à m'en satisfaire. Pas la faute des gars qui font parfaitement le boulot et se concentrent exclusivement sur la performance malgré l'inconfort et la promiscuité de ces vingt-quatre jours en mer.

Des conditions encore plus difficiles à accepter lorsqu'on se bat, non pas contre des adversaires logés à la même enseigne, mais contre les aiguilles d'une horloge.

Je n'arrive pas à m'en satisfaire, car, avec les mêmes cartes qu'*Orange II*, nous serions déjà beaucoup plus loin dans le Pacifique Sud. Loin des îles d'Auckland dans le sud de la Nouvelle-Zélande, que nous croisons le premier jour, des îles désertes avec de grandes cascades qui tombent directement dans la mer. Tous profitent du spectacle.

Après le gris de l'Indien, le bleu du Pacifique. Bleu clair. Un espace préservé, loin de toute pollution humaine. Un havre où le moindre rayon de soleil embrase l'écume des vagues dans un ciel de carte postale. Je suis conquis par cet univers. Un univers que je découvre enfin... à 33 nœuds. Au vingt-sixième jour de course, on franchit l'antiméridien, la ligne de changement de date, avec plus d'une demi-journée d'avance sur le temps du record. Au milieu de cet immense désert d'eau et de glace, la terre la plus proche se trouve à plus de dix jours de mer. Le double d'une traversée de l'Atlantique est-ouest.

Elle est là, l'angoisse du Pacifique Sud !

Interdiction absolue de chavirer ou de croiser un glaçon... Pourtant, ils ne sont pas très loin. J'espérais un meilleur Pacifique, mais je préfère cet océan à l'Indien. La mer y est plus organisée, moins chaotique.

Même sous 35 nœuds de vent, le bateau glisse, à condition de ne pas trop se rapprocher des mauvaises dépressions, comme celle qui fonce sur nous avant le cap Horn. Ce qui nous oblige à un grand détour par le nord. Encore un sale coup dans notre quête du record.

Avant de faire le dos rond, c'est l'heure du whisky. Stan Honey a sorti sa bouteille pour la rasade hebdomadaire. Un whisky sans glaçon qui réchauffe l'atmosphère. Fred, Jacques et Lionel, un verre à la main, refont les derniers quarts. J'ignorais toutes les vertus fédératrices d'une gorgée de pur malt au milieu des océans. Steve, pour sa part, a emmené des fillettes. Des petites bouteilles de vin que l'on déguste, tous les cinq jours, tous ensemble dans le cockpit. Un moment très convivial. Tous les cinq jours, il y a aussi du fromage et du jambon fumé pour améliorer l'ordinaire dans les ventres et les têtes.

Et arrive le cap Horn. Le 4 mars 2010 à 18 h 30 (TU). La délivrance après deux jours dans plus de trente nœuds de vent et cinq mètres de houle. Je comprends mieux pourquoi on l'appelle le « cap Dur ». *Groupama 3* est toujours devant *Orange II*, et on signe même le meilleur temps entre le cap Leuwin et le cap Horn en 10 jours 14 heures 12 minutes et 13 secondes.

Pour la petite histoire, je passe deux fois le cap Horn, ce jour-là..., entre deux virements de bord. La deuxième, je me retrouve à ses pieds, en plein soleil couchant, mieux que sur les photos de mes livres d'enfance.

Je ne pouvais pas le voir de plus près. Un baptême génial dans un froid glacial et sur une mer plate, loin de la représentation que l'on se fait habituellement de ce rocher. C'est le rêve de tout marin qui s'accomplit, comme pour Stève Ravussin et Bruno Jeanjean.

Je suis fier d'ajouter cette ligne à mon CV du grand large.

Le gardien du phare nous a demandé d'où on venait et où on allait. Je lui ai répondu qu'on était partis de Brest et qu'on retournait à Brest. Je suis désormais un Cap-hornier qui retourne à la maison.

Un retour contre le vent jusqu'à l'équateur. Un scénario incroyable. Cinq ans plus tôt, *Orange II* filait à 35 nœuds au même endroit. Quelle injustice ! Pour espérer battre le record, il faut accuser moins d'une journée de retard à l'entrée dans l'Atlantique Nord. On passe donc à l'attaque. À 25 nœuds contre le vent. Amaigris par plus de trente-cinq jours de mer et saoulés par les embruns, les gars sont rincés, mais limitent la casse. Trois cent vingt-six milles de retard au trente-sixième jour. Trois cent quatre-vingt-quatre milles deux jours plus tard, après une violente tempête tropicale au large du Brésil. Un gros coup de chaud dans 40 nœuds de vent au près, où le bateau a sans doute le plus souffert de toute la traversée. Moi aussi. La peur de casser.

À l'équateur, au quarante-deuxième jour de course, nous accusons vingt-six heures de retard, mais la roue tourne. Le 15 mars, le pot au noir est avalé, et, dès le lendemain matin, les compteurs sont à zéro. C'est une nouvelle course qui commence.

Il y a cinq ans, Bruno Peyron et ses hommes avaient souffert d'un manque de vent et d'un problème de safran dans l'Atlantique Nord. La fin de notre histoire se présente beaucoup mieux, mais, chaque mille de gagné ayant son importance, c'est de la régate. On multiplie les virements pour prendre les risées du bon côté sous les nuages. Une partie de l'équipage replonge dans l'ambiance des Grands Prix Orma. Je goûte à mon plaisir. Ça sent l'écurie.

— On arrivera quand on arrivera.

Quelle équipe ! Toujours la tête dans le guidon, à 24 nœuds de moyenne au dernier jour de course, le quarante-huitième. J'aimerais partager avec eux l'intensité de ce retour gagnant, mais c'est déjà le temps des interviews. Bien avant le phare du Créac'h et du cap Lizard. C'est le job ! Une lumière au loin dans une nuit bien noire, c'est Ouessant. Première terre depuis le cap Horn. Avant, c'étaient les îles d'Auckland. Qu'elle me paraît longue, cette dernière demi-heure ! Un filet, un tronc d'arbre, un conteneur, on peut se prendre n'importe quoi. Dix paires d'yeux sont sur le qui-vive.

Le 20 mars 2010 à 21 h 40 min 45 s, c'est fait : on améliore le record de 2 jours 8 heures 35 minutes et 12 secondes, à la vitesse moyenne de 18,76 nœuds. L'implacable arithmétique du Jules-Verne. C'est d'abord un énorme soulagement après deux vaines tentatives et bien d'autres sueurs froides tout au long de cette circumnavigation. Nous sommes épuisés, éreintés, mais heureux. Et pas question de rentrer de nuit à Brest dans un quasi-anonymat. Tous les acteurs de ce record méritent d'être applaudis au grand jour. On rentrera donc au petit matin de ce jour d'élection régionale, le 21 mars 2010.

En attendant, on mouille l'ancre devant Camaret, après la pointe du Conquet, à gauche, pour un gueuleton de sushis livrés en zodiac. On est tous impatients de revoir les siens, mais c'est un moment privilégié. Ensemble. Sans la tension de la course pour la première fois depuis quarante-huit jours. Un moment rare. Un retour en douceur dans le bercement des vagues… et les odeurs de la terre.

Ma prochaine Route du Rhum avec ce bateau revient en boucle dans nos discussions, mais pas grand monde n'y croit. Thomas Coville, en particulier, l'un de mes futurs adversaires, juge *Groupama 3* trop lourd et trop puissant pour un seul homme. Difficile d'imaginer qu'un marin puisse en remplacer dix. C'est pourtant le pari fou que je me suis lancé en juin 2009.

Après la grande fête du Jules-Verne dans le port de Brest, je passe aux exercices pratiques lors du convoyage retour à Lorient. J'essaie de border les voiles tout seul, de prendre un ris et je crois même que je réussis un virement sous le regard goguenard de Lionel Lemonchois. C'est la première fois qu'il me voit utiliser seul mes bras sur ce bateau.

À mon tour d'en baver. La voile occupe désormais tout mon temps. La préparation de la Route du Rhum 2010, les entraînements sur l'*Ex-Ericsson 4* pour le tour du monde en équipage et la conception de *Groupama 4*.

J'ai mis une croix sur ma vie de Terrien.

Jamais je n'aurais imaginé que ma passion de la mer, de la voile et de la course au large se traduirait un jour par la plus haute distinction honorifique française. Après le Jules-Verne et ma victoire dans la Route du Rhum, je suis invité à l'Élysée, fin décembre 2010, par le président de la République qui me propose la Légion d'honneur.

La rencontre avec Nicolas Sarkozy dure une vingtaine de minutes. Dans une ambiance très détendue, on parle de la Route du Rhum, de mes projets et surtout de vélo, une passion que l'on partage. À ma grande surprise, je découvre aussi non plus un président, mais un mari très amoureux lorsqu'il interrompt notre discussion, le temps de répondre devant moi à un appel de Carla Bruni.

À la sortie, l'un de ses conseillers me propose de rejoindre son équipe de campagne. C'est un non catégorique. À la différence de mes grands-parents paternels, membres du parti communiste, je ne fais pas de politique. Très peu pour moi.

Le 20 septembre 2011, Jean-Luc Baucherel, le président de Groupama, me remet, en personne, les insignes de chevalier de la Légion d'honneur au siège du groupe à Paris. J'y suis très sensible, car j'apprécie beaucoup l'homme. Sur la photo, en revanche, qu'est-ce que j'ai l'air coincé dans mon costume noir ! Style premier de la classe. La mer me manque déjà. Le lendemain soir, nous mettons le cap sur Alicante.

Il y a un peu plus de vingt-neuf ans, je découvrais la voile à travers le livre d'Éric Tabarly, *Le Tour du monde de Pen Duick VI*, lors de la première édition de la Whitbread en 1973. Une course autour du monde en équipage et par étapes que le plus célèbre des marins français n'a jamais remporté en quatre participations. Seul Lionel Péan a gagné cette course en temps compensé en 1986 sur l'*Esprit d'équipe*. La Whitbread est devenue en 2002 la Volvo Ocean Race, organisée tous les trois ans. Une course méconnue du grand public français qui n'a d'yeux que pour le Vendée Globe, la Route du Rhum et la Route du Café. Dans les pays anglo-saxons, en revanche, c'est la course référence après la Coupe de l'America. Une course que les meilleurs marins néo-zélandais, australiens, américains ou encore suédois rêvent un jour de gagner.

La Volvo, c'est neuf mois de course, dix étapes, trente-neuf mille trois cents milles (70 740 km). C'est un tour du monde taille XXL. Pour relever ce défi, je dispose d'un nouveau monocoque de 70 pieds (21,50 m), *Groupama 4*, dessiné par l'architecte franco-argentin Juan Kouyoumdjian. Un bateau assez révolutionnaire, avec un certain nombre d'innovations techniques. Un mât à trois étages de barres de flèches au lieu de quatre, un tunnel central inspiré des bateaux du Vendée Globe.

Mon idée, c'est de prendre des risques sur cette édition pour gagner la suivante. Je dispose également d'une équipe grand format à la hauteur de l'enjeu et du professionnalisme de cette course. Une équipe de cinquante-six personnes, dont onze marins. Pour préparer ce tour du monde et former l'équipage, je m'appuie sur Damian Foxhall, ainsi que sur Laurent Pagès, un tacticien de talent, responsable du « programme voiles ». Jean-Luc Nélias, avec lequel je partage sensiblement la même approche du routage à la française, assure la navigation. Thomas Coville, chef de quart, est le dernier arrivé. Il terminait son tour du monde en solo le moral en berne quand je lui ai proposé de nous rejoindre. Il a dit oui très vite. Charles Caudrelier, c'est plus qu'un bras droit. On se connaît depuis mon arrivée en Bretagne en 1994. On a vécu dans la même maison pendant plus de trois ans, quand il était avec la sœur jumelle d'Ambre. Un mec facile à vivre sans ego surdimensionné.

Je compte aussi sur l'excellent coup de patte de l'Australien Phil Harmer dans le réglage des voiles. Le sens du devoir du suédois Martin Strömberg, la puissance de son compatriote Martin Krite, un équipier d'avant qui n'a peur de rien. Autre belle recrue, l'Australien Ben Wright, ancien vainqueur de la Volvo Ocean Race, est responsable de l'équipe technique à terre. Impossible de courir la Volvo sans un Néo-Zélandais. C'est dans leurs gènes. Le nôtre, Brad Marsh, est numéro un. Un guerrier qui veut prendre sa revanche après avoir été écarté du Team New Zealand…, son équipe nationale. L'équipe de *Groupama 4*, c'est encore la vision de la course et la force physique d'Erwan Israël, un nouveau rôle exclusif de « médiaman », reporter audiovisuel, pour Yann Riou, et l'abnégation du remplaçant Sébastien Marsset, toujours au service de l'équipe. Jacques Caraës est également sur le banc.

Nous n'avons pas l'aura des Kiwis de *Camper-TNZ*, des Américains de *PUMA* ou de l'équipe espagnole *Telefónica*, qui démarre ce tour du monde à domicile. Des favoris qui nous snobent avant le départ. *Abu Dhabi* impressionne par le prestige de son skipper, le Britannique Ian Walker, double médaillé d'argent aux Jeux olympiques, et les moyens mis à sa disposition. Les Chinois de *Sanya* viennent apprendre sur un vieux bateau.

Des points sont attribués à chaque course. De six à un point du premier au dernier dans les régates devant les ports de chaque ville-étape que l'on appelle « in-port », et cinq fois plus pour les étapes entre deux pays. Zéro en cas d'abandon. C'est le bateau avec le plus grand nombre de points qui remporte la course.

29 octobre 2011, Alicante (Espagne), régate in-port :

- 1er : *Abu Dhabi*
- 5e : *Groupama 4* (2 points)

Quelle misère ! Nous ne sommes pas à la hauteur dans cette première régate côtière, et cela nous saute à la gueule… dès le premier bord.

5 novembre 2011, Alicante-Le Cap (Afrique du Sud) 6500 milles :

- 1er : *Telefónica*
- 3e : *Groupama 4* (20 points)

Abu Dhabi démâte au bout de six heures, et la coque du chinois *Sanya* perd sa peau de carbone prématurément dans les vagues de la Méditerranée. Deux concurrents au tapis dès le premier jour, et la série noire continue. Le 21 novembre, l'américain *Puma* démâte à son tour et se déroute au moteur vers l'île de Tristan da Cunha. La moitié de la flotte est au tapis.

Dans cette première étape, on prend une option est, plus près des côtes africaines. Une option « à la française ». Une option radicalement différente des autres, mais, et ça ne se dit pas trop aujourd'hui, certains, les Néo-Zélandais en particulier, auraient bien aimé nous suivre. C'est un choix judicieux à court terme. Plus risqué ensuite.

On compte plus de deux cents milles d'avance au bout d'une semaine, mais la porte se referme trop tôt devant nous, et *Groupama 4* accuse bientôt deux cents milles de retard. Les écarts sont énormes au Cap, où nous coupons la ligne deux jours après les Espagnols vainqueurs de cette première étape. Le temps ne compte pas, heureusement. C'est un classement par points. Trente pour le premier. Vingt-cinq pour le second. Vingt pour le troisième. On s'en sort bien.On s'en sort bien, mais c'est laborieux, et le second, Damian Foxhall, tire la gueule. Alors, pour éviter la contagion et remotiver les troupes, je vois tous les équipiers un par un. Je les assure de toute ma confiance dans le projet, dans le bateau et en eux. Ils en avaient besoin.

Le 10 décembre 2011, Le Cap, régate in-port :

- 1er : *Telefónica*
- 5e : *Groupama 4* (2 points)

Toujours la soupe à la grimace. Toujours un temps de retard dans les manœuvres. On n'est pas dans le coup.

Le 11 décembre 2011, Le Cap-Abu Dhabi (Émirats arabes unis), 5430 milles :

- 1er : *Telefónica*
- 4e : Groupama 4 (18 points)

Curieuse étape sur deux tronçons distincts en raison des risques de piraterie dans cette partie de l'océan Indien. Un premier jusqu'aux Maldives, où les bateaux sont chargés sur un cargo pour rejoindre la mer d'Oman pour un parcours côtier de quatre-vingt-dix-huit milles entre Sharja et Abu Dhabi. Piégés par le pot au noir de l'océan Indien, alors qu'on était en position de gagner la première partie de l'étape, on termine à une décevante quatrième place, mais je me dis que notre heure viendra. Malheureusement, Damian Foxhall continue de faire la gueule, et, par son envergure, cela déteint sur une partie de l'équipage qui commence à perdre espoir. Quand souffla le vent du désert…

Poussé par le chammal dans le final vers Abu Dhabi, *Groupama 4* retrouve des couleurs et coiffe les leaders espagnols dans le dernier bord sous spi pour l'emporter avec moins d'une minute d'avance. C'est un signe.

13 janvier 2012, Abu Dhabi, régate in-port :

- 1er : *Abu Dhabi*
- 2e : *Groupama 4* (5 points)

Il se passe quelque chose de bien. Au départ d'Alicante, je n'imaginais pas arriver aussi vite à un tel résultat dans un exercice que la moitié de l'équipage découvre pour la première fois. La confiance revient et, dans la sérénité, on fait toujours moins de bêtises. C'est valable dans tous les sports. J'en profite pour recadrer Damian Foxhall. Rien ne sert de verser dans l'euphorie après cette deuxième place, mais il a toujours tendance à appuyer là où ça fait mal. À revenir sur les points négatifs. Des critiques inefficaces. Ce n'est pas le moment. Ni son rôle.

14 janvier 2012, Abu Dhabi-Sanya (Chine), 4600 milles :

- 1er : *Telefónica*
- 2e : *Groupama 4* (24 points)

Quel combat ! Huit mille cinq cents kilomètres de régate au contact, contre le vent et une belle deuxième place arrachée avec les tripes. Dans les quarante-huit dernières heures, les virements au milieu des quarts empêchent tout le monde de dormir et, avec la fatigue, le ton monte entre certains équipiers et non les moindres. Les mots deviennent durs. Je les invite tous à se calmer. Sans prendre parti.

On en reparlera plus tard. La priorité, c'est la course. Ils ne mesurent pas la chance qu'ils ont d'être là. Je vis aussi quelques tensions avec Jean-Luc Nélias, mon binôme. Mais c'est plus dans la logique des choses. La logique de la compétition. Nos désaccords portent sur la stratégie, les routes à suivre. Et les règles du jeu sont claires : c'est moi qui décide en dernier ressort. Et moi seul.

Néanmoins, je comprends que ce soit difficile pour lui quand je refuse son option. Qu'il le considère comme un manque de confiance. Mais ça n'a rien à voir avec la qualité de son travail. Excellente, par ailleurs. C'est une question de choix. De prise de risque. Ma responsabilité de skipper.

À chaque étape, Perrine me rejoint, et on en profite pour visiter le pays. Des visites express, quatre jours maximum, le temps des périodes de repos. Des visites express avec chaque jour des kilomètres de marche à pied ou de randonnées sportives. Toujours ce même goût pour l'effort que je dois à mes parents. On ne se refait pas. En Afrique du Sud, nous avons visité le cap de Bonne-Espérance et participé à un safari dans l'*Aquila Private Game Reserve*. La bonne surprise, c'est Abu Dhabi : le hammam, trois jours de randonnée dans les montagnes omanaises, au cœur du *Jabel Shams* (« montagne du Soleil ») et ses canyons. Enfin, le top du top, je me suis offert plusieurs tours du circuit de formule 1, le Yas Marina, au volant d'une formule 3000. Énorme. Beaucoup moins énorme, l'étape chinoise. Faute de visas pour le Sichuan et ses montagnes, nous avons passé notre temps à Hong Kong. Un comble quand on ne supporte pas de vivre en ville. Plus jamais ça.

18 février 2012, Sanya, régate in-port :

- 1er : *Telefónica*
- 5e : *Groupama 4* (2 points)

Une succession d'erreurs tactiques qui met tout l'équipage de mauvaise humeur. À oublier au plus vite.

19 février 2012, Sanya-Auckland (Nouvelle-Zélande), 5820 milles :

- 1er : *Groupama 4* (30 points)

Quatre, c'est un chiffre qui me va bien. J'ai gagné ma quatrième Solitaire du Figaro, ma quatrième Route du Rhum, et c'est la quatrième étape de la Volvo. Dès le départ, je me dis que c'est la bonne. La réussite ne peut pas nous fuir éternellement. La Chine, le Japon, Taïwan, ces territoires maritimes me sont étrangers, mais les alizés restent des alizés, et on avale les milles avec gourmandise pour creuser un écart irrémédiable à la sortie de la mer de

Chine. Une victoire à Auckland, une Mecque de la voile, ça se mérite ! Alors, on a droit à un dernier coup de stress, à soixante-dix milles de la ligne. Le bateau tombe du nez. Le compartiment avant s'est rempli d'eau. Rien de grave, mais il est temps d'arriver. Pour une victoire historique. Une victoire française en mer néo-zélandaise ! Une victoire sur le propre terrain de jeux de ceux que l'on présentait comme les grands favoris de cette onzième édition de la Volvo Ocean Race. Une victoire qui nous propulse à la deuxième place du classement général. L'histoire est belle. Le chiffre 4 me porte décidément bonheur.

À peine le temps de poser mon sac près des sources d'eau chaude de Roturua, sur l'île du Nord, pour une journée et demie de… marche à pied avec Perrine, je suis déjà de retour à Auckland pour la suite du programme.

17 mars 2012, Auckland, régate in-port :

- 1er : *Camper*
- 3e : *Groupama 4* (4 points)

Un mauvais départ, une panne de quille, mais de bons choix tactiques. Podium encourageant, mais peut mieux faire.

18 mars 2012, Auckland-Itajaí (Brésil), 6705 milles :

- 1er : *Puma*
- 3e : *Groupama 4* (20 points)

Fallait-il partir où attendre vingt-quatre heures de plus pour donner le départ ? Je me pose encore la question. D'entrée, on arrive à l'arrière d'une gigantesque dépression dans le Pacifique Sud. Gigantesque, ça veut dire très vaste, et, à l'arrière, la mer est toujours plus forte, plus croisée, plus dangereuse. La plus longue tempête de ma vie. Elle dure la moitié du Pacifique avec des vagues de dix à quinze mètres…, et personne ne lâche. À la sortie, 97 % disent qu'ils ont eu peur. 3 %pour cent mentent.

C'est aussi cela qui attire les marins. Si c'était un sport simple et sans danger, il n'y aurait pas autant d'excitation à partir en mer. Jouer avec sa vie permet de se sentir encore plus vivant. La montagne peut aussi procurer cette sensation.

Par l'engagement qu'elle réclame, la Volvo est une course plus exigeante que Vendée Globe ou le trophée Jules-Verne. Les chocs sont très violents, et les bateaux cassent les uns après les autres.

Ma plus grande crainte, c'est qu'un équipier balayé par une déferlante tombe à l'eau. On est tous attachés, mais, à chaque vague, je recompte les gars.

Un mal pour un bien. Cette tempête que l'on traverse la peur au ventre, mais sans dommage, resserre les liens sur *Groupama 4*, qui passe le cap Horn en tête le 30 mars 2012. Un symbole fort. Le plus dur est derrière nous. On sort le champagne, les Suédois, la boîte à cigares, et Jean-Luc Nélias ose le string pour fêter l'évènement.

Mais la tuile arrive le 4 avril. Je suis à la barre au large de l'Uruguay quand le mât se brise en deux et tombe en arrière, presque sur moi. On était en tête ! C'est inique ! Mais tous les gars pensent déjà à la suite. Thomas Coville se jette à l'eau pour récupérer les voiles. Brad Marsh monte dans ce qu'il reste du mât et se blesse avec son couteau. Hors de question d'abandonner.

Dans notre malheur, nous avons la chance d'avoir démâté à seulement quatre-vingt milles de Punta del Este, une célèbre station balnéaire de l'Uruguay, que l'on rejoint au moteur. Sur place, l'équipe technique et l'équipage réalisent en deux jours un gréement de fortune d'une quinzaine de mètres avec des morceaux de mâts destinés à la poubelle. Un bel esprit d'équipe. Ce dématage resserre encore plus les liens.

Pour la fin du parcours, une partie de l'équipage débarque, comme le permet le règlement. Thomas Coville ou encore Jean-Luc Nélias rejoignent leurs familles. Un repos bien mérité. Le danger, c'est de créer des différences de traitement au sein de l'équipage. Ce que je demande, en contrepartie, c'est de retrouver des « cadres » gonflés à bloc pour la suite de la course. Je suis exigeant et pragmatique. Pendant que *Groupama 4* file sous gréement de fortune vers Itajaí pour la troisième marche du podium, le mât de secours quitte Amsterdam pour le Brésil. On ne perdra pas au change.

Pour ma pause brésilienne, j'avais prévu une expédition d'une semaine avec Perrine dans la cordillère des Andes à six mille mètres d'altitude. C'était avant le démâtage.

À la place, ce sont deux jours de balades autour des chutes d'Iguaçu, classées au patrimoine mondial par l'UNESCO. Un endroit magnifique.

21 avril 2012, Itajaí, régate in-port :

- 1er : *Groupama 4* (6 points)

La réussite change de camp. *Telefónica*, qui était en tête de la course, se trompe de bouée et nous offre sur un plateau notre première victoire dans une régate in-port. Un petit évènement.

Lancé à la poursuite des Espagnols, je n'étais pas loin de faire la même erreur avant que Charles Caudrelier, sûr de son fait, corrige le tir. Bien vu, Charles ! Une erreur de débutant que reconnaît son skipper Iker Martinez. Mais le mal est fait, et ça grince dans l'équipe espagnole, dont la première place au général ne tient plus qu'à un fil. Nous, on se sent de plus en plus forts.

22 avril 2012, Itajaí-Miami (États-Unis), 4800 milles :

- 1er : *Puma*
- 3e *Groupama 4* (20 points)

Gare à l'excès de confiance. Il peut nous aveugler.

Un mauvais départ et une option calamiteuse d'entrée de jeu au large du Brésil. Le doute s'empare à nouveau de l'équipage. Je revis les mauvais moments des premières étapes quand ça ne marchait pas. Et ce sont toujours les mêmes qui accentuent ces moments de doute, mais la route est longue ; on peut se rattraper. Et les faits me donnent raison. Petit à petit, *Groupama 4* efface une partie de son retard, puis double *Abu Dhabi* et *Telefónica* pour prendre la troisième place grâce à d'excellents choix de route aux îles Turques-et-Caïques, puis à l'ouest des Bahamas. On a fait le boulot. Aucune raison de bouder.

19 mai 2012, Miami, régate in-port :

- 1er : *Abu Dhabi*
- 2e : *Groupama 4* (5 points)

On doit gagner, mais le vent tombe.

Cette deuxième place renforce la confiance d'un équipage toujours au bord de l'implosion. Dans les briefings, on se fait la gueule, et les discussions tournent rapidement au vinaigre. Surtout entre l'Irlandais du Morbihan et le sudiste breton. Le sudiste breton, c'est moi.

Toujours pour la même histoire. Je propose des innovations techniques, car on ne peut pas gagner si on fait comme les autres, mais les Anglo-Saxons acceptent mal de prendre des risques et changer leurs habitudes, surtout dans cette course si emblématique pour eux. Et, avec Damian Foxhall, c'est ceinture et bretelle tout le temps. Une discordance de points de vue qui ne crée pas deux camps sur le bateau, mais pourrit l'ambiance.

Pas tous les jours. Heureusement. Les points de blocage portent surtout sur la préparation de notre VOR70, les améliorations techniques à envisager et la manière d'élaborer la tactique de course. Sur l'eau, il y a aussi des points de désaccord, et c'est normal, sur la façon de toiler le bateau, le travail sur le pont et la stratégie. Mais, sur ce dernier point, ça se gère à deux. Entre le skipper et le navigateur. Entre Jean-Luc Nélias et moi. Des discussions parfois tendues, mais moins explosives.

20 mai 2012, Miami-Lisbonne (Portugal), 3590 milles :

- 1er : *Abu Dhabi*
- 2e : *Groupama 4* (25 points)

Vive la dynamique de groupe ! Les nerfs sont à fleur de peau, mais on s'est dit les choses à Miami. Il fallait un témoin extérieur pour calmer les esprits, dire « attention » quand on se parle mal. Thierry Peponnet, coach sur de grands monocoques de riches propriétaires, a su trouver les mots justes. Avec cette deuxième place à Lisbonne, on prend la tête du classement général, à deux étapes de la fin, et nos adversaires ne nous regardent plus de la même façon. Les attitudes changent également à bord de *Groupama 4*.

Il y a six mois, on avait toujours un temps de retard. Quand les Kiwis bordaient les écoutes à peine sortis du port, chez nous, il y en avait toujours un qui n'était pas prêt. Ce temps de latence n'existe plus, et les secondes gagnées individuellement profitent à toute l'équipe. Être efficace dans la mise en route générale. Voilà ce qu'il nous manquait au départ d'Alicante.

C'est un travail individuel et une prise de conscience. Il faut bannir le temps perdu qui ne fait pas avancer le bateau. Même dans la façon de se restaurer, de se reposer ou de se protéger. Avec certains, je me suis battu sur la bouffe dès Alicante. Elle prenait trop de temps dans leurs têtes et sur le bateau. On articulait alors nos entraînements et notre navigation autour des repas, ce qui n'est pas la priorité. La priorité, ça doit être le bateau, le faire avancer, le régler et passer des heures sur l'eau sans multiplier les phases de récupération. Si on se la joue trop cool aux entraînements, on ne peut pas être performant le jour J. Surtout à ce niveau-là.

9 juin 2012, Lisbonne, régate in-port :

- 1er : *Groupama 4* (6 points)

Quels changements ! À l'entraînement, le bateau est prêt en cinq minutes. On enchaîne les départs sans que personne ne réclame à manger ou à boire. Et le lendemain, banco : notre deuxième victoire dans une régate in-port, l'une des plus belles régates de cette Volvo 2012.

On ne se laisse plus faire sur les phases départs, et ça change tout. On a aussi notre arme secrète : un spi supplémentaire qui nous permet de gagner beaucoup de temps dans les manœuvres du second tour. *Groupama 4*, c'est encore un plan de pont parfaitement adapté aux régates in-port avec son cockpit central. Un plan de pont qui ne subit plus les foudres d'une partie de l'équipage…

10 juin 2012, Lisbonne-Lorient, 1940 milles :

- 1er : *Groupama 4* (30 points)

Grosse colère. Alors qu'on s'apprête à prendre la tête de la course en plein coup de vent, on casse le *hook*, un système de crochets de voile en tête de mât. La grand-voile affalée, tout le monde passe, et je me dis que la Volvo est perdue. N'écoutant que son courage, Brad March grimpe là-haut, à plus de trente mètres, et passe quarante-cinq minutes à se faire casser les côtes pour réparer le *hook*. Notre Kiwi, responsable du gréement, s'en veut aussi de ne pas avoir décelé plus tôt cette avarie ; alors, il donne tout. Et on repart.

Mais on n'est pas rendus au bout de nos peines dans cette étape fulgurante, où tout se joue à plus de 30 nœuds dans la nuit, sur une dizaine d'heures. Tous bord à bord dans la baston. *Groupama 4*, certainement le meilleur bateau dans ces allures rapides, revient dans le combat et se retrouve sur la même ligne que ses principaux adversaires au classement général, à commencer par *Telefónica.*

La victoire d'étape se joue en grande partie sur un empannage à haut risque au moment le plus critique, dans le maximum de vent, en plein milieu de la dépression. On choisit de passer en force sans réduire la toile, à la volée, en gardant de la vitesse comme on peut le faire en multicoque. J'ai hésité un instant, mais je me laisse convaincre par Damian Foxhall, qui est à la barre depuis une demi-heure et sent le bateau capable de passer l'obstacle.

Ce n'est pas un coup de poker, mais il y a toujours une part d'incertitude. Au moment du passage, ça se joue à la vague, à la vitesse du bateau. Évidemment, tout l'équipage est sur le pont ! Ça fait vingt-quatre heures qu'on attend cet empannage. L'empannage de la victoire.

La nuit commence à tomber. Il y a une vraie mer, des vagues pyramidales de cinq à huit mètres et des rafales jusqu'à 48 nœuds, près de 90 km/h. Si l'on excepte le Pacifique Sud, ce sont les pires conditions depuis le début de la course, mais là, pas question de gérer. À moins d'une journée de l'arrivée, il faut attaquer coûte que coûte.

J'ai pris la barre. J'attends que le vent se calme un peu ; j'attends la bonne vague. Ça y est ! *Groupama 4* prend de la vitesse et empanne sans partir au tas. Sans rien casser. Gros soulagement à bord. Le feu au vent juste devant nous, c'est *Telefónica.*

Un feu qui s'arrête et disparaît derrière le bateau. La poisse poursuit les Espagnols, victimes d'une avarie de safran. La Volvo les fuit pour de bon. Nous, on file plein pot vers la maison. L'archipel des Glénan, Penfret, la patrouille de France, le zodiac du centre de Port-la-Forêt avec Christian Le Pape et Loïc Ponceau, le trimaran de

Thomas Coville… C'est bientôt l'heure du sacre, et les copains sont déjà là !

Exigeant. Jusqu'au bout. Je réclame plus de toile pour aller plus vite, mais les gars refusent ! Ce qui a le don de m'énerver. On se traîne, et Lorient, où on se prépare depuis des mois, mérite mieux que ça. Le vent tombe, et je m'engueule avec Jean-Luc Nélias sur le dernier empannage effectué au mauvais moment. Je ne supporte pas que les gars se relâchent avant la ligne d'arrivée. Le stress de la victoire ?

En tout cas, cette victoire et la chute de *Telefónica*, cinquième à Lorient, consolident la première place de *Groupama 4* au classement général. Tous les voyants sont au vert pour un succès historique.

30 juin 2012, Lorient, régate in-port :

- 1er : *Groupama 4* (6 points)

Rebelote. On coiffe *Puma* sur le dernier passage de bouée. Les Américains sont KO debout. C'est la passe de trois après l'in-port de Lisbonne et l'étape jusqu'à Lorient. Une série incroyable, au meilleur moment, qui assomme tous nos adversaires.

1er juillet 2012, Lorient-Galway (Irlande), 485 milles :

- 1er : *Camper*
- 2e : *Groupama 4* (25 points)

Le clash. Le règlement est formel. Seuls les équipiers au départ de cette dernière étape pourront disputer l'ultime régate in-port à Galway. Pas de remplacement possible. Je décide donc de partir avec l'équipe type des in-port. Ce qui suppose que Jean-Luc Nélias reste à terre.

Vu le profil de l'étape, la plus courte de cette édition, ça ne pénalise pas l'équipe. Je suis persuadé que Jean-Luc va bien l'entendre. Erreur ! Il le prend comme une punition. Je l'empêche de gagner sa Volvo. Pourtant, mon calcul est simple. Si on rate l'étape entre Lorient et Galway, on peut encore récupérer des points sur l'in-shore. C'est rationnel. Il n'y a aucune arrière-pensée. Aucun règlement de compte vis-à-vis de Jean-Luc, comme j'ai pu l'entendre et le lire ici ou là. Ce n'est pas contre lui, mais pour l'équipe.

Je refuse le copinage quand ce n'est pas rationnel et je ne comprends absolument pas son attitude. Il a aussi refusé de nous rejoindre sur *Groupama 4* avant d'entrer dans le port de Galway. Les étrangers à bord n'ont pas compris non plus sa réaction. Un Néo-Zélandais n'aurait jamais réagi comme ça. C'est très français ! Jean-Luc a tout de même fait son boulot jusqu'au bout. Un super boulot. On a préparé cette dernière étape ensemble, même si je sentais qu'il en avait gros sur le cœur. Je regrette cette incompréhension, pas ma décision.

On rate peut-être la victoire d'étape à Galway sur une mauvaise manœuvre, lors d'un changement de voile d'avant, encore un relâchement, mais la deuxième place suffit à notre bonheur. L'immense bonheur d'une victoire historique dans la plus anglo-saxonne des courses océaniques.

Un bonheur qu'on partage d'abord rien qu'entre nous, sur l'eau avant la ligne. Un bonheur sans nom pour nos « marins étrangers ». La Volvo, c'est leur Coupe du monde. Les mecs à bord ne se faisaient guère d'illusions au départ, mais, quand ils ont commencé à toucher du doigt un rêve très fort pour eux, ils ont tout donné dans les dernières étapes, et ça a été notre force sur la fin.

Galway, c'est aussi une fête exceptionnelle. Un port qui devient stade. Cinquante mille spectateurs à 2 h du matin tout autour des quais pour applaudir les équipages de cette Volvo Ocean Race 2012. Émotions garanties au passage de l'écluse. Pas la larme à l'œil, mais la gorge serrée.

C'est la plus belle de mes victoires, mais aussi la plus difficile, sportivement, physiquement et humainement. Une victoire sur le plan international. Les petits Français, considérés au départ comme de simples faire-valoir, ont damé le pion aux ténors de la discipline. En Nouvelle-Zélande, cette victoire de *Groupama 4* constitue toujours une anomalie. Ils ne comprennent pas.

7 juillet 2012, Galway régate in-port :

- 1er : *Puma*
- 4e: *Groupama 4* (3 points)

Une belle bagarre dans la baie de Galway, une légère déception pour la quatrième place et beaucoup d'émotion après neuf mois d'aventure. *Groupama 4* l'emporte au classement général avec 253 points, devant les Néo-Zélandais de *Camper* (231) et les Américains de *Puma* (226).

Très éprouvé par la crise grecque, Groupama accumule trois milliards de dettes helléniques au printemps 2011 et, une semaine avant le départ de la Volvo Ocean Race, le directeur général de Groupama, qui avait lancé le projet de la Volvo, est débarqué. On a donc couru avec une épée de Damoclès au-dessus de nos têtes, et je savais très bien que les termes du contrat qui courait jusqu'en 2015 seraient revus et corrigés, sans deuxième Volvo. J'ai bien fait de la gagner dès le premier coup.

Ma vie sur un bateau… Pour rebondir, je pars trois mois en Nouvelle-Zélande sur le *Luna Rossa*. L'America…

En rejoignant l'équipe italienne de Luna Rossa en Nouvelle-Zélande à l'automne 2012, c'est la deuxième fois que je collabore à la préparation d'un candidat à la Coupe de l'America, après avoir été consultant pour Oracle en 2008. Le skipper de Luna Rossa, Max Sirena, était à l'époque l'un des cadres de l'équipe américaine.

C'est là que je le rencontre pour la première fois. On s'est revus à Auckland lors de l'étape de la Volvo Ocean Race, et il me rappelle directement à Galway, le lendemain de l'arrivée, pour me proposer de travailler avec lui. Une pige de trois mois en Nouvelle-Zélande.

Presque un retour aux sources, puisque ma première incursion dans l'univers de la Coupe de l'America remonte à l'an 2000, toujours à Auckland, avec les copains de mes premières navigations en Bretagne, Éric Carré et Ronan Lucas, qui préparent *6e Sens*, le bateau du Défi français. Quinze jours de vacances très instructifs.

En 2008, mon rôle consiste à épauler les architectes français Vincent Loriot Prévost et Marc Van Peteghem dans le dessin du trimaran américain, à la demande du Néo-Zélandais Russell Coutts, triple vainqueur de l'America (1995, 2000 et 2003), les multicoques succédant alors aux monocoques Class America. Dans un deuxième temps, je joue le pilote d'essai à Anacortes, près de Seattle, où ce trimaran de vingt-sept mètres de long est mis à l'eau, en mars 2009, avant de passer le relais, petit à petit, à l'Australien James Spithill dans la baie de San Diego.

Chez Oracle, c'est la culture du risque. Avec pragmatisme. Lorsque ses ingénieurs lancent la construction de la voile rigide la plus grande jamais conçue, une aile de cinquante-sept mètres, la hauteur d'un immeuble de vingt étages, ils ne savent même pas comment le bateau va entrer dans le port.

Vu des bureaux d'études, rien ne sert de crier, de s'inquiéter. Le plus important, c'est que le bateau aille encore plus vite avec cette nouvelle voile à cinq millions d'euros. Les problèmes de logistique, de fonctionnement seront résolus le moment venu.

Un mode de fonctionnement inimaginable en France, où le moindre imprévu suffit à bloquer tout un projet. Il serait bon pourtant de s'en inspirer.

C'est d'ailleurs ce que j'ai essayé d'insuffler dans la conception de *Groupama 4* en mettant l'accent sur la performance au détriment du confort. En considérant qu'un bon professionnel arrive toujours à s'adapter à ses nouveaux outils. Sans nouveaux outils, en tout cas, on ne peut pas gagner. Encore moins sur la scène internationale. La victoire est à ce prix.

En février 2010, en plein trophée Jules-Verne, j'ai suivi la finale de la trente-troisième Coupe de l'America à Valence sur l'ordinateur du bateau, en direct, ce qui a dû coûter bonbon à mon sponsor. Après avoir passé un an et demi auprès de l'équipe américaine, je ne voulais pas rater ça. Rater la victoire de *BMW Oracle-USA 17* sur les Suisses d'*Alinghi*, par deux manches à zéro. L'Helvète Stève Ravussin a du mal à s'en remettre. Moi, j'entonne presque *La Marseillaise*. Dix-huit Français, dont une partie travaille chez Groupama, font partie de l'équipe américaine entre les navigants, les techniciens et les architectes.

Luna Rossa, c'est le nouvel étage de ma fusée à travers l'univers d'une Coupe de l'America en pleine révolution avec ses maxi-catamarans de vingt-deux mètres à ailes rigides, les AC72. Malheureusement, je n'y trouve pas ma place. Je ne trouve pas ma place dans une équipe où l'on me donne juste la barre en me disant « Fais-ci, fais ça ». À ce jeu-là, d'autres sont bien meilleurs que moi.

Chez Groupama Sailing Team, j'ai le pouvoir d'influer sur la stratégie de l'équipe, sur les choix importants. C'est là que je peux apporter une valeur ajoutée. Chez Luna Rossa, c'est plus compliqué. Les choix sont déjà faits par les piliers de l'équipe. Quand j'émets un avis, il est rarement suivi. Et mon niveau d'anglais ne joue pas en ma faveur pour imposer mes idées à des Anglo-Saxons très sûrs d'eux. Mais j'apprends.

Vivre de l'intérieur la préparation d'une équipe engagée dans la Coupe de l'America est riche d'enseignements. Que de temps et d'argent perdus parfois dans ces équipes pour des priorités inutiles qui mènent à des impasses par manque de pragmatisme. Je retiens !

J'apprends et je retiens parce que j'aspire de plus en plus à participer à la Coupe de l'America, la plus grande et la plus célèbre course au monde. Je ne sais pas si Russell Coutts, patron du défi américain, a passé une seule nuit en mer dans toute sa vie de marin, mais je rêve de marcher dans les pas du triple vainqueur de l'America. La conquête de l'excellence.

Je déclare donc officiellement ma flamme pour l'America en décembre 2012, au clap de fin du programme Volvo de Groupama. Et une idée mûrit petit à petit, celle de fédérer les compétences au sein d'une équipe d'union nationale, dans l'esprit du Team New Zealand. Une autre idée fait son chemin. Celle-ci est née dans la tête de Vincent Borde, soutenue par Stéphane Guilbaud : un triumvirat inédit Cammas-Desjoyeaux-Kersauson à la tête d'un futur défi français. Inédit… et surprenant !

Je dois avouer mon étonnement la première fois qu'on m'a proposé cette association, mais elle ne se résume pas à trois noms sur un dossier de presse. Il y a surtout la volonté de créer un « team Bretagne », région qui n'a rien à envier à la Nouvelle-Zélande en termes de compétences et d'engouement maritimes. Un projet qui reçoit le soutien de Jean-Yves Le Drian, ministre de la Défense. La rencontre a lieu début 2013, à la sortie d'une manifestation au Palais des congrès de Lorient. Jean-Yves Le Drian est en fait mon ancien voisin à Guidel avant que ma maison ne brûle un soir de novembre 2012.

Ce soir-là, j'étais à bord du *Luna Rossa* à Auckland. Ce soir-là, à ce qu'on m'a dit, Jean-Yves Le Drian recevait Manuel Valls. Ce soir-là, ma maison est partie en flammes. Heureusement, il n'y a pas eu de victime. Mais tout ceci s'est passé sous les yeux des forces de l'ordre chargées d'assurer la sécurité des deux ministres, de la Défense et de l'Intérieur. Ce soir-là, un vilain court-jus a, paraît-il, ruiné ma maison.

Avant la publication des bans, rendez-vous est donc pris début février 2013 à Port-la-Forêt avec Michel Desjoyeaux. Au téléphone, je lui annonce qu'on va parler Coupe de l'America. Le lendemain, à une table du bar de la Hune, je lui propose de faire équipe, et il accepte sans la moindre hésitation. Pour Olivier de Kersauzon, en villégiature à Tahiti, c'est Louis Noel Vivies, son ami de plus de vingt ans, qui joue les intermédiaires et obtient son accord. Et on se retrouve tous les trois à la table du ministre de la Défense le 18 mars 2013 à l'hôtel de Brienne, rue Saint-Dominique, dans le VIIe arrondissement.

Ravioles au foie gras, bouillon de légumes. Médaillons de lotte rôtis légumes primeurs. Tube croustillant à l'orange, mascarpone à la vanille. Bourgogne Fixin La Mazière 2010. Le dîner est servi, et les échanges, fructueux. Parmi les invités, Pierrick Massiot, le président de la Région Bretagne, Norbert Métairie, le maire de Lorient, Henri Bacchini, le vice-président de la Fédération française de voile, Gilles Falc'hun, PDG de la Sill et président de Bretagne Commerce International, ainsi qu'Anne Miriel de Bretagne Développement Innovation. La Bretagne n'a visiblement pas les moyens de conquérir l'America à elle seule, mais notre *dream team* fait sensation. Au final, ce dîner au ministère de la Défense est bien l'acte fondateur du Team France.

Cammas-Desjoyeaux-Kersauson. L'improbable trio est capable de travailler ensemble, mais ça ne se fait pas tout de suite. Les rôles, on ne se les donne pas. On se les crée. Notre ambition, c'est de rassembler les talents et exploiter tout le savoir-faire français dans la conception et l'utilisation des multicoques. Un savoir-faire reconnu même des Américains. Ce n'est pas rien ! Notre projet est aussi un formidable levier économique. Quatre-vingts à cent personnes pour la construction du bateau, plus les emplois induits. La construction de *Groupama 3*, par exemple, a réclamé cent mille heures de travail. La voile est un sport à forte valeur ajoutée sur les plans économique et social. En cas de victoire et je n'ai pas d'autre ambition que la victoire. C'est comme si on ramenait des petits Jeux olympiques à la maison, puisque l'édition suivante se déroule dans le pays vainqueur. L'important n'est pas seulement de participer.

Ce ne sont pas les atouts qui manquent pour une région ou un pays, mais il faut la flamme. La flamme initiale pour allumer la mèche. En clair, le premier partenaire financier. Les autres suivront.

Vive la mouette et l'ajonc, mais il faut se résoudre à ranger le Gwenn ha Du. Les industriels bretons ne suivant pas, deux mois avant le Salon nautique 2013, notre défi, rebaptisé « Team France », devient national. On rencontre également la Fédération française de voile pour élaborer la notion de filière, dans l'esprit du Team New Zealand, de Groupama ou encore de la structure de Michel Desjoyeaux à Port-la-Forêt. Une équipe qui travaille dans la continuité sur des programmes de haut niveau, c'est une équipe qui progresse beaucoup plus vite.

Je l'ai démontré avec mon équipier Louis Viat dans la Petite Coupe de l'America en septembre 2013. Du jour au lendemain, on a créé une équipe chez Groupama et, en six mois, on a remporté une course sur des petits catamarans de sport à la pointe de la technologie. Une course que jamais un équipage français n'avait encore remportée : le Championnat du monde de Class C. Un groupe de travail qui a une histoire, un réseau et une méthodologie, c'est forcément performant. C'est éviter aussi la fuite des cerveaux de la voile française... à l'étranger. Des techniciens français ont pris une part prépondérante dans l'incroyable comeback des Américains en 2013 : l'hydrodynamicien Michel Kermarec, ingénieur Centrale de Nantes ou encore l'entraîneur Philippe Presti. La France a les hommes pour briguer la Coupe de l'America. Ne reste que l'argent à trouver et des projets ambitieux pour les retenir.

Depuis l'annonce officielle de la création du Team France, le 11 décembre 2013, au Salon nautique international de Paris, Bruno Luisetti, jeune retraité et ex-PDG de Kraft Food France, nous a rejoints début 2014. Il est notre maillon fort dans le management de ce projet et la recherche de partenaires.

Les budgets de la Coupe de l'America en 2017 devraient tourner autour de cinquante à soixante millions d'euros (vingt millions d'euros par an). Ce qui veut dire un ticket d'entrée de dix à douze millions pour un sponsor qui donne son nom à l'équipe. Dix à douze millions d'euros, c'est en dessous de l'enveloppe que Groupama a consacrée à la Volvo.

Quant à moi, je navigue toujours autant. Près de trois cents jours par an. Mais les bateaux sont plus petits. M 34 pour le Tour de France à la voile, Extrême 40 dans l'*Extrême Sailing Series*, un circuit international, et Nacra 17, la nouvelle série olympique sur des catamarans de cinq mètres en équipage mixte. Des catamarans qui volent..., c'est aussi une manière de se préparer à la Coupe de l'America. En Nacra 17, avec mon équipière, Sophie de Turckheim, trois fois vice-championne du monde de Laser (2005, 2006 et 2009), je me bats contre soixante-dix bateaux au plus haut niveau mondial et mesure toute la difficulté d'obtenir un billet pour les Jeux olympiques de 2016. Le Corcovado se mérite.

C'est une aventure incroyable, comme en Extrême 40, où je régate cette année 2014 contre trois de mes prochains adversaires, en particulier Ben Ainslie, vainqueur de la dernière Coupe de l'America en tant que tacticien sur Oracle, quadruple médaillé d'or aux Jeux olympiques et désormais à la tête du Défi britannique.

J'apprends encore et toujours. Sur ces plus petits bateaux, j'ai connu une année 2013 exceptionnelle. Champion de France de match-racing, vainqueur du Tour de France à la voile, puis de la Petite Coupe de l'America sur Class C. Enfin, j'ai été champion de France Élite en Nacra 17, après notre victoire à la Semaine internationale de La Rochelle. Cet éclectisme m'a valu un deuxième titre consécutif de marin de l'année.

Après 2012, 2013, une première dans l'histoire de cette récompense honorifique alors que François Gabart semblait le grand favori après sa brillante victoire dans le Vendée Globe. Je peux comprendre sa déception. J'ai connu la même en 2010 après mon record dans le Jules-Verne et ma victoire dans la Route du Rhum. Le titre était revenu à Antoine Albeau, multiple champion du monde de planche à voile. On ne peut pas gagner tout le temps...

Encore que ! Moi, Franck Cammas, je pense bateau matin, midi et soir avec toujours la même soif de victoires.

C'est mon carburant et je mets toute mon énergie, tous les moyens possibles pour y parvenir.

Moi, Franck Cammas, je n'aime que le combat. C'est dans cette logique que je m'inscris dans le projet Team France. Viser toujours plus haut. Demain... Après-demain... Le temps et la persévérance, c'est aussi une façon d'atteindre la victoire.

Moi, Franck Cammas, je remercie mes parents de m'avoir donné le goût de l'effort et offert ce livre d'Éric Tabarly, un soir de décembre 1982. Un livre sans lequel je ne serais pas devenu le marin d'aujourd'hui. Même si tout n'a pas été facile... Heureusement, il y avait mémé Cammas, sa tendresse et son amour. Je ne l'oublie pas.

Moi, Franck Cammas, élevé au pied du massif de la Sainte-Victoire, j'ai mis les voiles pour gagner et je rêve de conquérir les sommets. Tous les sommets. Après la Coupe de l'America, pourquoi pas l'Himalaya ? Sur le toit du monde.

Mais une chose est sûre : dans ma quête quotidienne de la perfection, dans ma recherche incessante de victoires, je n'oublie pas d'où je viens. Je n'oublie pas qui je suis et par où je suis passé pour en arriver là.

Remerciements

Patrice Gabard tient particulièrement à remercier :
Agnès Cammas, pour ses belles confidences.
Eliane Occelli et Yves Cammas pour avoir ouvert en grand l'album familial.
Didier Rousseau, pour les longs échanges au téléphone.
Perrine Vangilve, pour son sens du détail.
Christian Le Pape, pour sa parfaite mémoire des petites et grandes histoires.
Michel Dejoyeaux, pour la pertinence de son regard de marin.
Caroline Muller, Laurence Leray et Nathalie Bourdon pour leur disponibilité.
Mon épouse Sandrine et mes filles, Méline, Maëlle, Manon pour leur indéfectible soutien.

Frédéric Veille tient de son côté à remercier :
Vincent Borde pour son aide précieuse
et Franck Cammas pour avoir accepté ce beau challenge.

Chez le même éditeur

Mon tour du monde en 1980 jours

Jérémy Marie et Frédéric Veille

Vivre hors des sentiers battus, goûter le sel de la liberté… C'est d'abord cela qui a poussé Jérémy à entreprendre son tour du monde en auto-stop. Cinq ans et demi et 180 000 kilomètres plus tard, l'odyssée s'est transformée en une véritable aventure humaine à la découverte de soi-même et surtout des autres, de cultures et de modes de vie différents.
En Tanzanie, Jérémy partage le quotidien d'orphelins du sida pendant un mois. Au Venezuela, il est braqué et volé par la police. Il fait du camion-stop assis sur des bidons d'acide sulfurique au Pérou. Au Soudan, il échappe aux troupes rebelles du Darfour…

Heureusement, parfois, le voyage devient plus poétique : faire du bateau sur l'Amazone, voyager sur un train de marchandise aux Etats-Unis, rencontrer sa fiancée indonésienne sur l'île des Dieux, à Bali... En 1980 jours, Jérémy a développé une vision du monde bien différente de celle qu'il avait au moment de son départ de France. Les aventures et les rencontres, loin des clichés occidentaux, ont transformé sa vie à tout jamais. C'est cette vision qu'il veut aujourd'hui partager.

180 000 kilomètres à la rencontre des autres et de soi : une formidable aventure humaine.

ISBN : 978-2-8246-0348-3